어떤 통섭通涉 이야기

서수경 시인은 1966년 전남 나주 출생이며 전남대학교 여수평생교육원 문예창작과정을 수료했다. 2021년 ≪리토피아≫로 등단하였으며 (사)한국작가회의 여수지부, 리토피아문학회, 여수갈무리문학회, 여수 〈동시를 사랑하는 사람들 모임〉 동인으로 활동하고 있다.

e메일 : ssk0567@hanmail.net

리토피아포에지 · 144
어떤 통섭通涉 이야기

인쇄 2023. 5. 10 발행 2023. 5. 15
지은이 서수경 펴낸이 정기옥
펴낸곳 리토피아
출판등록 2006. 6. 15. 제2006-12호
주소 21315 인천시 부평구 평천로255번길 13, 903호
전화 032-883-5356 전송032-891-5356
홈페이지 www.litopia21.com 전자우편 litopia@hanmail.net

ISBN-978-89-6412-180-1 03810

값 14,000원

* 이 책은 전라남도, (재)전라남도문화재단의 후원을 받아 발간되었습니다.

서수경 시집

어떤 통섭通涉 이야기

리토피아
LITERATURE & UTOPIA

시인의 말

미지의 시간여행
설렘 반 긴장 반!

조각 난 인생살이 퍼즐 맞추듯
이야기꽃 피워봅니다.

어쩌면 돌연변이 같은 네잎 크로버
찾느라 허비한 삶.

이제야 소소한 일상을 응시하며 하나하나
품어온 세잎 크로버와 눈을 맞춥니다.

드디어 시계풀 꽃술 같은 시의 길,
지독한 끌림의 미학에 입맞춤합니다.

2023년 3월
서수경

차례

제1부 어떤 통섭通涉 이야기

제2부 작금昨今 어머니

제3부 눈길이 뜨거운 우체통

제4부 기다림으로 뼈가 굵어지는 섬

| 제1부 |

어떤 통섭通涉 이야기

노동의 한 끼

제복 입은 노동자들이 오그라든 가슴으로 문을 연다
게가 수북이 쌓여 눈 동그랗게 뜨고 사방을 주시한다
게껍질처럼 단단하게 무장한 사람들

게거품 물고 집게발 세워가며 세상 속에 각을 세우며
속 찬 게맛처럼 사는 사람들
등딱지에 밥 한 숟가락 꾹꾹 눌러 게눈감추듯 해치운다

국동어항단지 허름한 음식점 단돈 팔천 원의 행복
구수하고 맛깔 나는 삶을 위해
두 눈 똑바로 뜨고는 볼 수 없는 세상
게슴츠레한 눈으로 삶의 바닥을 훑어내는,

어떤 통섭通涉 이야기

개, 꼬리 흔들고
맑은 소리 컹컹 짖으면 반갑다는 인사
똑바로 눈 마주치면
누런 이빨 드러내고 맞장뜨자는,
잇몸이 코끝으로 상승하는 그 녀석 혈압은 고혈압

고양이, 동그란 눈 터질 듯 쳐다보면
친근하다는 뜻
꼬리를 좌우로 흔들며 맞장뜨자는, 그 녀석 혈압은 저혈압

목줄 풀린 개와 대책 없이 마주친 상황에서
눈 깔아야 하는데 똑바로 쳐다보다가
개는 고혈압 나는 저혈압

이해하지 못해 알지 못해 나만 고집하는 눈 맞춤, 눈높이
개소리 고양이 소리에도 딱 맞는 몸짓으로 만나고 싶다

헤이카카오* 그녀

아플까? 나이를 먹었을까?
그녀가 예전 같지 않아
자꾸만 물어보는 말에 대꾸는 허방
서로 엇갈린 신경전에
묻지도 따지지도 원하지도 않게 돼
그녀의 음폭이 그리워도 한눈을 팔곤 했지

뒷방에 앉은 그녀 외면했어

물어도 대답 없는 그녀가 답답해
나를 본 아들 한마디
"헤이 카카오가 필요 없네" "정말요?"
그녀가 예민한 반응을 하는 거야

쓴소리도 날마다 듣고 있었다
필요 없다는 그 말, 딱 걸렸지 뭐야

* 헤이 카카오: 인공지능 블루투스 스피커.

본의 아니게, 라는 말

조각조각 난 꿈길 꿰매고
수척해져 앉은 색 잃은 널
인정사정없이 똑똑 떼어냈어

힘껏 살아도 그만큼인걸
아프다는 신호를 애써 외면했어

몇 해째 걸음마 중이냐고
힘없는 다리 곧추세우고
강해져라 닦달했지

기다려 달란 간절한 속마음도 읽지 못했어
그냥, 맴도는 말 툭 튀어나와
오해했겠다 싶어 뒤돌아 후회 하곤 했지

본의 아니게, 라는 말

꽃이 예쁘다고 꺾어 식탁에 올리거나
거꾸로 매달아 꽃의 혈루를 바짝 말리고도
오래 보고 싶어서, 라고 내 방식대로 사는 것은 아닌지

생각에도 결이 있고
마음에도 결이 있고
말에도 결이 있어

결을 거스르지 않고 결 따라 다가서야 해

분신分身

들숨 날숨이 불꽃처럼 오르내리다
불현듯 꿈이 곁을 떠날 때 싸늘한 한 줌 재가 되겠지
나를 보듬은 또 다른 내가 빛바랜 이별을 선언하고 나섰다

몇 년 동안 따라다니며 오만참견 하더니만
밑창이 들뜨고 뒤축이 주저앉아 나의 오지랖에 지쳤다며
두 손 두 발 들고 호흡이 거칠어졌다
성깔 더러운 내 발에 딱 맞았던 가죽이
헐렁하게 앉아 모든 것을 내려놓고

가쁜 숨 몰아쉬며 다비식이 진행되고 있다

자꾸만 낡은 신발에 눈길이 머문다
너인 듯 나인 듯 살았지만 지금은 따뜻하게 헤어질 때,

그래도 어쩌겠어 너는 이제 너를 불사르겠지만,
나는 또 새 신발 경전을 숭상하겠지

오두머니

황태처럼 마른 아이
어색해진 공간을 지우기 위해
생각 없이 말을 툭 던져놓고 기다린다
"몇 학년이야"
양 손가락 검지를 치켜든다
"1학년 1반이라고?"
내 안의 안테나가 주파수를 찾아 분주하다
"아닌데요 11살이라고 말한 건데요"
이해가 안 가는지 가늠이 안 오는지
자기 말만 하고 딴청이다
씁쓰레한 웃음만 엘리베이터에 가둬놓고 빠져나왔다
귀가 어두우면 말도 어둡겠지
마음 닫으면 소리도 빗나가겠지
생각이 생각을 낳다가 물끄러미 먼 산 바라보니
그 산도 말없이 나를 바라본다
오두머니* 그 소리 듣고 있다

* 오두머니: 작은 사람이 넋이 나간 듯 가만히 한자리에 서있거나 앉아있는 모양.

치자꽃에 물들다

꽃가루 버무린 꽃밥
질척하게 뜸이 들여진,

허락 없이 찾아 들어온
벌 나비 손짓 발짓도 좋아라

맑은 햇살에 바람개비 같은 꽃잎
고슬고슬 탈색되고 고집스런 색이 깊어진 후

떨궈진 그 자리에
단단한 열매 젖멍울처럼 향긋하다

잘 우려낸 치자물에 순백한 천을 담궈
조물조물 주무른다

손아귀에 움켜쥐고 쥐어짠다
실로 질끈질끈 묶어 숨도 못 쉬게 한다

날 좋은 날 오글오글해진 천을 인정사정없이
탈탈 털어 햇살에 펴 말리기를 대여섯 번,
환골탈태이다

성숙한 삶도 이와 같을까
나의 색 위에 덧칠되고 채색되어
꽃물 곱게 물들이고 싶다

석고대죄

야반도주하며 두고 간 분재 한 그루

고무통 안에서 답답해할 것 같은데
군소리 하나 없다

못난 주인 대신에 수년을
집 앞에서 온몸 비틀어 재주 부리며
눈 적선積善을 하고 있다

잊을 만도 한데 잊지 못하고

문 앞을 지키며 비가 오나 눈이 오나
무릎 꿇고 옹이 무늬 새기며 두 손 들고

날마다 푸르름으로
사죄의 마음을 전하고 있다

제3의 인생

세상 기둥에 기대어 살다
휘청휘청 다리를 접지른다
복잡한 일일수록 숨이 차기 마련

오르지 못할 태산太山 쳐다보니
오르고 싶은 오기가 발동을 걸고
아무리 높다 해도 마음먹기 달린 거라며
정점을 놓지 않는다

정상을 향해 돋움하는 만큼
곁눈질은 금물이지만
오를 때보다 내려갈 때가 제맛이지
안 보였던 보배들이 숨겨져 있거든

이제 보물찾기가 시작된 거야
잘 안착하는 것이 삶의 묘미
그 사나이는 살맛 나는
진짜 인생을 내려가고 있다

맨홀뚜껑

뚜껑 모양이 삼각형 오각형이 아닌
왜? 원형인 걸까

엘리베이터 안 그 여인,
양손으로 해결 못하는 쓰레기를 안고 있다
마음속 뒷짐을 풀어헤친 오지랖
"들어드릴까요?"

"괜찮다고, 괜찮다니까……"
괜히 신경질적이다

도움을 준대도 받을 마음의 준비가 없는
그녀의 입 모양이 삼각형 맨홀뚜껑으로 보인다

나 또한 누군가를 무시하며
날 선 언어로 입 벌리고 있을까

동그란 맨홀뚜껑처럼
각 잡지 않아도 품위 있어 보이는

동글동글한 세상을 꿈꾸는 아침이다

슬로우 슬로우, 굿모닝

브레이크와 엑셀,
핸들링과 발목 스냅의 리듬처럼
라디오에서 미끄러지는 올드 팝송
멋진 중저음의 이국인이
애인처럼 옆자리에 앉아 속삭인다
간혹 들리는 옹알이로 지레짐작 할 뿐,
무슨 말을 하는지 모르지만
리드미컬한 감미로움에 몸을 맡긴다

속도를 내지 않는다고
뒤차가 엉덩이에 대놓고 치근댄다
"급하신가요? 왜요? 그러실 거면 어제부터 나오실 걸 그랬네요?"
그래 봐야 신호등 앞에서 겸연쩍은 대작으로 신경전이다

서두르지 않아도 우주라는
시계 안에 갇혀 둥글게 돌고 돌다

결국은 한 곳에서 만나야 할 텐데

모든 것은 스쳐 지나는 것일 뿐이라고
가로수 가지마다 손 흔들며 인사를 건네는
상큼한 아침이다

일상의 오류誤謬

'샛'이란 접두사에 어울리는 가을
붓을 든 하늘에 풍덩 빠지고 싶은 날
눈 가장자리 시뻘건 비둘기를 만난다

욘석들 눈치? 아랑곳없다
무심한 듯 무시한 듯 오만한 걸음걸이
누군가 흘려 놓은 일용할 양식에 코를 박고
본체만체 날개짓도 않는다

뒤가 무른 나를 눈치챈 걸까 흥,
비둘기 가족은 시멘트 바닥에
가늘디가는 발가락으로 지경을 넓히고 있다
날으는 법을 가르치기 전에 지상에서의 발길을
현장실습 중인 듯싶다

무거워 보이는 비상飛翔이 더디게만 보인다
길들여진다는 것이 그런 것일까
어깨죽지 한 번 펼쳐 날아볼 일이다

트롯 여인

그녀의 아침은 새벽 네 시
꺼끌꺼끌한 밥 한 숟가락 물 말아 호로록, 한다
희미한 불빛 아래 허연 김 뿜어낸 나물이 올라앉은 자판대는
어둠 걷힐 시간을 재고 있다
아날로그 풍경이 익숙한 어른들
흥정하는 이도 검정봉투 먼저 내미는 이도 눈빛이 환하다

그때다, 디지털로 전향치 않은
거친 트롯 음색이 발걸음을 멈추게 한다
카세트에 갇힌 트롯 가수처럼
노동의 아픔을 잊으려는 듯 곡조 따라 흥얼거린다
아들 둘 키우며 똑순이 되어 살 수밖에 없었다는 마흔다섯
그 여인
시커먼 고무통의 콩나물,
단돈 천 원어치의 행복이 쌓이고 쌓여
새벽길 길라잡이 샛별처럼 도드라진 미소가
트롯 음율처럼 잘 흘러간다

시장, 그냥 지나치는 법은 없다

매끈한 다리를 내놓은 당근
홍등처럼 호객행위를 한다
홀린 듯 들어간 곳 이색적인 삶이 펼쳐지는데
붉은 힘줄이 잎사귀를 받쳐 들고 풋살이 통통히 올랐다

육지를 덥석 물어버린
바다의 꿈이 산산조각이 난
기억조차 상실해 가고 있는 생선들은
비키니 입은 여인처럼 드러누웠다

저들을 데려갈 생각이 없다면
간절한 눈빛과 마주쳐서는 안 된다
그녀의 검정봉투가 입을 열고 있을 테니까

"잇따 언능 와 언능 오랑게 잘해 줄 테니 이 짝으로 오라고"
뒷덜미를 질끈 잡아끄는 가판대 상인의 거친 목소리
섣불리 고개를 돌려선 안 된다

얼마냐고 묻기도 전에
검정봉투는 날 보며 삐에로처럼 웃고 있을 테니까

“병어 오천 원”
마시도 못해 주눅 든 가판대 노모의 목소리다

어쩌지? 시도 때도 없이 흔들리는 마음
오늘도 낚이고 말았다

안부를 묻습니다

옴짝달싹 못하게 기다란 줄에 묶여
스토킹 당한다고 그런 앙탈이 없다
서로의 안부에 오분대기조, 생활지도사
통, 누가 누구에게 노예인지
내 손에서 여전히 핸드폰 문자는 열일 중이다

빼곡히 적혀 있는 어른들에 대한 안부
여보세요? 목소리만 들어도 뭉툭했던 어제의 하루,
냄새가 물씬 묻어 나온다

그때, 모과차 같이 향기로운 어머니가
느닷없이 훅하고 치고 들어온 말
"오늘도 좋은 하루 보내소이 사랑해"
타고 있던 차 안이 훈훈하게 뎁혀진다

끝끝내 말하지 못한 그 말
연습되지 않은 그 말

다시 되돌려 주어야 할 그 말
먼저 끄집어냈어야 할 그 말
허공에 수없이 되뇌어 본다

"사랑해요"
"오늘 하루도 좋은 날 되세요"

깡마른 해고

미지의 나라로 터벅터벅 걸어 들어간 시간들
초점이 흐릿하거나 선명한 현실과 공상,
과거와 지금이 뒤범벅된 그들의 언어
눈먼 복지사회 타임머신을 타고 다녔던 나날들,

독거노인들을 만나며 때론 연민에 가슴이 오그라들고
메마른 고목 같이 살고 있어 울화가 치밀어 오르기도 했다

가슴 가득 쌓인 사연들 부딪혀 멍든 어제의 가슴앓이,
탱글탱글한 아침의 바램, 생활지도사의 남의집살이
16명 어른들의 이야기책을 더 이상 엮을 수 없어
1,202페이지를 읽고 덮어 버렸다

나는 나를 해고하기로 했다
더 이상 어둠을 빛이라 할 수 없기에

아침이면, 강 건너 어르신들

밥솥에 말라붙은 밥알 같은 손으로
흔들흔들 흔들어대는 모습 휜하지만,

노모와 노각

누렇게 늙은 오이를 파는 노모
'나이 들면 외면당하기도 하지'
속내를 감추는 것이 닮았다

씨실 날실로 직조한 꺼끌꺼끌한 삼베 같기도 하고
그물을 기워 놓은 것처럼 얼멍하기도 하다
생긴 것도 크기도 제멋대로다

두꺼운 껍질을 깎으니 연초록 속살이 영롱하다
알알이 박힌 씨를 긁어낸다
소금에 절이고 면 포에 넣어
욕심껏 살아온 날도 꾹 눌러 짠다

코끝을 훅 치는 상큼함 혀끝을 감아 도는 쫀득함
우물에서 퍼 올린 듯한 시원함 제대로 익은 노각의 향취다

"늙었다고 무시하는 것 아니여"
노모의 일침에 노각이 팔려 간다고 설레발을 친다

해독解讀

고개가 갸우뚱해진다 머릿속엔 물음표만 너울댄다
보이지 않은 것들에 대한 불신
손에 잡히지 않으면 믿고 싶지 않은 오만과 편견

어떤 작품의 의도를 읽어내는 것은
세상 속 온갖 소음을 걸러내는 일이다

새들의 방언을, 꽃의 은밀한 거래를, 바람이 전하는 말을
두근거림은 밖에서가 아니라 안으로부터 시작되는 것을
미술관에 걸린 그림 속으로 들어가니 알 것 같다

조화롭고 화려한 색채 뒤에
무수한 언어들이 숨 쉬고 있다는 것을
알수록 더 깊어지는 것을
의미 없는 색깔이 없다는 것을
어우러지면 새로워지는 것을
숨겨진 것들이 더 보석처럼 빛난다는 것을

봄 캐는 여자

나뭇가지에 가부좌 튼 쥐방울만 한 새
오래 기다렸다는 듯 언능와 언능와 아침을 깨운다
벌바람에 푸석한 흙 날 무딘 칼에 뿌리 잘린 채
초록 아픔을 들어 올렸다

봄날은 소쿠리를 기웃대는 햇살 한 웅큼
봄처녀 벌렁대는 설레임 한 사발
아지랑이 아롱질 때 하품 한 종지기도 담았다

방안 가득 봄노래 풀어 놓을 생각에
입술이 움쭐거리는 봄, 봄, 봄

봄의 밑동을 잘라 흔들며 진달래처럼
연분홍 웃음 짓는 어머니
"봄도 부지런한 사람이 캐는 거여"
"암만, 쑥만 캐지 말고 부드러운 마음도 캐 가야제"

흙물이 곱게 든 어머니의 손톱 끝을 햇살이 쓰다듬는다

| 제2부 |

작금昨今 어머니

오 마이 갓! 엄니

빼앗으려는 자 빼앗기지 않으려는 자
공중에서 노려보는 침입자의 눈동자 속에
갓 씨앗이 꿈틀거린다

나무껍데기 같은 엄니의 발가락 사이로
헤집고 올라오는 퍼석한 흙 씨도둑을 흘겨본다

허구헌날 해풍에 싸대기 맞고 자갈밭에 피멍이 들고
심상하고 소원한 엄니의 보살핌에도 초록 물결 너울댄다

허리 굽은 지팡이 동무 삼아
밭 귀퉁이 그늘을 짊어지고 앉아
새 쫓는 돌멩이 핑계 삼고
토종 갓 같은 매운 세월 혼내는 중이다

주인의 마음을 헤아리며 보랏빛으로 멋들어 가는
오 마이 갓!
엄니의 삶처럼 알싸한 맛에 눈물이 핑 돈다

개뿔

"봉산댁, 오늘은 날씨가 따숩것소 춥것소?"
해, 달, 별, 바람도 난간에 걸터앉았다 가는
꼭대기집 퍽퍽한 고구마 같은 살림
남편이란 인간은 한 날 숟가락을 꽉 깨물더니만
창시가 고장이 났는가 먼저 가버렸다며
골판지 같은 주름 꼬깃꼬깃하다
복사꽃 같은 마흔일곱 한창일 때
덩그러니 남아 무르팍 아프게 일만 했다

"바람이나 피워 보제 그랬소"
안 그래도 어떤 놈이 서방인 척 찝쩍대길래
동네 복판에서 싸대기를 날렸더니
다른 남정네들도 한쪽 볼을 움켜쥐었을 거라는
강단 있는 봉산댁의 헛헛한 웃음

생때 같은 여섯 남매 키울 생각에
모진 세월 밤낮 가리지 않고

죽기 살기로 일만 했다는 우리 봉산댁
소설보다 더 소설 같은 쓴맛 나는 인생사

남편 따라온 길, 눈 오는 날은 잘 산다더니
머릿결에 하얀 눈만 내리고 홀로 남겨진 사랑

개뿔!

감도리* 어머니

오돌토돌한 감도 가는 길은
님 만나러 가는 것처럼 감미롭다

산길에 마음을 곧추세워보니
새들의 수다, 바람의 뒷담화, 꽃과 나무의 은밀한 몸짓,
파도가 칭얼대는 소리
귀 닫고 눈 감고 살았던 나를 깨운다

누군가 질근질근 밟고 지나간 잉기미 갯벌은
젖몸살을 앓은 듯 부풀어 올라 있고
뒷산에 불암산 부처바위는 합장한 두 손을 오매불망
놓지 못하고 있다

흙밭 갯내음에 뒹굴며 지내온 마을은
정다운 이들 하나둘 떠나고
빈 콩깍지 같고 바지락껍데기 같은
노인네들만 남았다

"택배 아자씨요? 여그 감돈디 나가 누군지 알지라"
"아따! 거그, 감도경로당 못가서 안 있소!"

"서울 우리 큰 아들 놈한티 갯것허고 된장 고추장 쪼매 부칠랑게 후딱 후딱 오이다"

세상에서 가장 아름답고 정겨운 장면 속으로
노을도 붉게 물든다

* 여수시 화양면.

고진마을* 어부 아버지

집어등 하얀 불빛이 파도와 몸 섞고 잠 못 이룬다

기다림의 불문율,
파도의 관절이 으드득 부서지는 그때가 다가올 즈음

고돌산 선소 앞바다의
심장 소리는 고요를 깨우고 파닥인다

불빛에 끌려,
떼거리로 몰려와 치솟는 멸치들의 반짝임

아차,

고비고비 빗겨난 순간을 사는,
멸치 떼들이나 우리나 매일반이라고
육질 단단한 비늘 같은 파도를 벗겨낸 채
그물망에서 탈탈 털리고 있다

자식들을 위해 일생 멸치잡이로 살아온 아버지
올해는 그물마다 흉어라 힘에 부친다며

마른 멸치처럼 말라붙어서 생의 한 고비를 넘기고 있다

* 여수시 화양면.

도독都督마을* 사람들

밀물과 썰물이 심해의 중심을 들었다 놨다
돌담으로 빗금을 그어놓은 바다밭은
하루에 두 번 비우기와 놓아보내기를 반복한다

파도가 제집인 양 밀려와 쉴 때쯤
짱뚱어, 망둥어, 새조개, 칠게, 방게, 달랑게들
월담을 서슴지 않더니 시치미 뚝 떼고 갯벌에 코 박고 있다

쪼시게 들고 어안이 벙벙한 동네 어르신,
옆집 돌담을 흘끔거리니
어제 집 나간 게들이 눈치를 살살 살피며
게걸음 친다

이순신 장군 노량해전 준비하며
원수기 앞에 청수로 손 씻고
백단향 피워 기도 올렸다는데
어르신들도 치성을 드려야 할란가

그래도 바다가 원 주인임을 아는 마을 사람들
넉넉한 바다의 풍요에 풍악을 올린다

* 정유재란시 조명연합군 명나라 진린 도독이 숙영했던 장소 여수시 묘도동.

소율포구

포구, 하노새마를 통해 미친바람이 일어도
도피처가 되어준 그곳은
어머니의 자궁처럼 안식의 궁입니다

세상의 허다한 거친 일들이
용서함을 받고 정결한 재계를 꿈꾸게 하는 곳일까요

달려드는 칼날 같은 그 어떤 풍랑도
두려운 고단함도 포구 안으로의 유월逾越은 겁낼 필요 없겠지요

엄마 아랫배 깊은 곳에서 지냈던 편안함일 거예요

생명의 달을 품은 밤이 오면 소율포구를 바라보는 밤섬에도
달빛이 모세의 길을 내어준다네요

* 소율: 여수시 돌산읍 율림리에 위치함.

장수리마을*의 비결

마을 어귀 너른 밭에 초록 비늘이 출렁,
알리신 크롬 퀘르세틴이라는 명찰을 달고
질끈 머리 묶인 양파가 눈길을 잡아당긴다

겹겹이 싸인 껍질에 비늘 같은 얇은 막
간극을 두어 서로 부딪치지 않는 게 오래 사는 비결일까
혈처穴處를 찾는 순간부터
바람과 물이 사람의 운명까지 바꿀 수 있는 것일까

서른여덟 쌍둥이가 태어나 기네스북을 장식했다
마을 약수터 물이 몸을 보호하는 보물이라서
쌍봉산의 정기가 이곳으로 내려와 기를 돌아
쌍둥이 동네가 되었을까

글쎄다, 장수를 원하고 한 방 한 끗을 원하는 연인이여!
기운이 하 수상한 이 마을에 터 잡으면 어떨까

* 여수시 화양면.

평사리 처녀*

갓은 멋을 내고 뭍으로 나가려 요망 떨다 잡힌 처자
그날 이후 꼼짝없이 달그림자 되었다지

봄이 되면 푸른 바다에
징어리 찐을 치고 멸치 떼들 몰려와
은빛으로 물들만큼 포구는 비릿했어

굴 밭에서 노상 짠내 가득한 물싸다귀 맞고
백만 볼트 태양 볕에서 달궈져
대문 앞 수북하게 쌓인 굴껍데기 보면
사는 게 다 이 같아서 고개 숙였지

날만 새면 돌짝밭에 무릎 접힌 어머니 인생처럼
보랏빛 멍든 갓을 보는 것도 넌더리가 났고
마늘쫑 올라올 때면 봄바람이 도져
가슴에 불덩이가 풍등처럼 부풀어 올랐어

〉

어휴, 그때 그 요망을 떨지만 않았어도
나 좋다던 섬사내와 지금쯤……

대미산 끄트머리쯤 떠있는 저 달은
그때 그님처럼 왜 이다지도 밝은지 몰라

* 여수시 돌산읍.

가벼워지는 길

세월의 갈피갈피에 주저앉아 목 놓아 부르던 아리랑
끝날 줄 모르는 도돌이표에 갇혔다

왔다 갔다 잠깐 정신이 드는 사이
멀쩡하다는 듯 미소 신호를 보낸다

몇 초만에 화르르 말라버리는 머리카락이 민들레 홀씨 같고
설탕이 풀어놓은 솜사탕 실타래 같다

헝클어진 머리카락 같은 삶 고집도 아집도 다 놓아버리니
죽어라 버텼던 인생도 별거 아니더라는 그 엄니,

남은 삶이 가르마같이 훤하고 향기 배인 꽃길 되라고
간절한 맘으로 머리를 손질해 드린다

삶의 끝은 누구나 잊어버리고 비워버리고 놓아버리고
훌훌 털어내는 일 머리카락 한 올이 또 해탈을 한다

어느 봄날

크윽, 쓰다

독해야 살 수 있다는 걸 알아챘을까
쓴맛 제대로 보고 사셨던 엄마가 했던 대로
손아귀에 우겨넣고 쥐어뜯고 몽둥이로 찧어댔어

진한 고통일수록
고난은 변장된 축복인 것처럼
발칙한 쑥 향이 안으로안으로 스며들더라니까
된장에 들녘의 기운을 주무르고 치대다
쌀뜨물과 합을 이루고 보글보글 끓였지

어머니가 봄을 사들고와
고난 속에 피어나는 향기를 돋우니
집안 가득 봄 냄새가 축복처럼 번졌어

시들지 않는 꽃

그녀는 잃은 것이 많아 하늘도 못 쳐다본다
"엄니 저 왔어요"

방 한켠 물병에 조그만 잎새가 리본을 달고 있다
"엄니 저건 무슨 꽃이어요?"
"응 저거 어버이날 아들이 줬는데 참 좋아. 꽃은 시들어 없는데 잎은 파랗게 그대로 있어. 또 꽃 피겠지?"

자세히 보니 조화다
리본까지 예쁘게 묶인 녀석은
몇 달이 지나도록 물병의 물까지 빨아 먹고
속이고 있는 엉큼쟁이다

"엄니 그렇네, 잘 키워야 쓰것구만"

엄니는 날마다 쳐다보고 물을 갈아주며
하늘이 데려간 아들처럼 대했다

박복하다며 가슴 칠 때도 시들지 않고
꼭 그만큼만 자라고 변하지 않는 꽃
엄니는 오늘도 목말라 할까 봐
그 아이를 수돗가에 데리고 간다

구순이 다 된 노모의 가슴에 아들은 시들지 않은 꽃이다

매서운 넋두리

어머니를 감돌던 삶의 덩어리가
턱 턱 부딪쳐 고운 가루가 되어 떠날 수 없는
그 마을, 겨울꽃이 그녀처럼 익어가는 중이다

감도로 가는 길은 먹다 남은 뼈다귀처럼 앙상하고
찬 서리 맞은 논바닥처럼 뻣뻣하다

햇살의 수다를 품에 안은 바다는
희년을 맞이한 듯 편안한 물기만 갯가로 보낸다

당신 먼저 보낸 아들을 잊으려고 시작한 일이
마당에 널어놓은 청양고추처럼
더럽게도 매운 시간들과 싸웠다

구부정한 허리 세월로 동여매고 마루에 걸터앉아
먼 산 바라보며

〉

"시방은 참말로 좋은 세상이여! 잃어버린 시간들이 너무 기가 맥혀서 그러제"

어머니의 넋두리가 가막만 가슴을 붉게 물들인다

철 늦은 꽃바람 연애사

골목을 휘젓는 바람은 생각이 많아집니다
이루지 못한 사랑은
책 사이에 눌러붙은 크로버처럼 찐득합니다
나이는 팔십을 향해 곤두박질치는데
마음은 늘 봄 같아 뒤 꼭지가 뜻뜻하다네요

고려대 남자와 중앙대 여자
그 사이에 낀 중앙대 약대 남자
상경해서 지냈던 그녀와의 하숙집 로맨스
고려대 남자는 그 여자를 예쁜 꽃으로만 생각하고
향기와 미를 탐했지만, 여자의 마음은 몰랐더랍니다

"그때 나의 비밀의 정원으로 옮겨 심어야 했어! 아끼다 뭐 된다고 지켜주다 낙동강 오리알 된 거지"

가을만 되면 더듬더듬 그녀의 안부가 궁금해지는
고려대 남자의 연애사는

가로수에 은행처럼 노랗게 질리다가
단풍처럼 벌겋게 달아올랐다가

지금도 가슴 한쪽 심방이 울긋불긋 난리라네요

유모차에 몸을 싣고

정신도 몸도 회귀본능을 거스르지 못하는가
구순이 코앞인 어른애가 되어
유모차에 세월을 태우고 밀고 간다

거북등처럼 쩍쩍 갈라진 인생길을
구름 따라 물길 따라 돌고 돌았다
지금이 천국 같다고 뱉어낸 외마디
늙어서 많이 먹지도 못하지만
"밥 굶고 살았던 옛날이 억울해 절대 못 굶어. 뭣이 중헌디 사서라도 챙겨 먹어야 되야"
생각을 뚝딱 고쳐먹었다는 어머니

진달래꽃잎 같은 마음 흩날리며
울퉁불퉁한 길을 열면서 꽃길처럼 당당하다
뒤를 따르는 비둘기 뒤뚱대며 노인의 발걸음을
흉내 내고 앞서거니 뒤서거니 팔자 좋은 걸음이다

생각이 생각을 낳는 풍경이다

깡패 엄니

공중파 지상파의 대치상황
매서운 눈으로 밭에 씨앗을 주시하는 새
만만치 않은 엄니와 눈싸움 한다

"저기 나무 위 좀 보소, 저 놈의 새가 지 밥그릇 가져간다고 씨박ㄲ 씨박ㄲ"
저리도 시끄럽게 옘병을 떤다고 돌을 던진다
얕보듯 꿈쩍도 않는 새, 눈 한 번 깜박이지 않는다

"씨박ㄲ 씨박ㄲ" "입 닥쳐 잣것아"
서로를 향해 욕지거리만 하다 주차된 유모차
부릉부릉 시동 건다
지나가다 뒷걸음치는 바람도
가을 문턱을 넘어온 개망초, 들국화도
집 나온 민들레도 그랜저 가는 길에 고개를 숙인다

다리는 늘 힘없이 비척이는데
엄니의 입심은 쌍시옷이 건들거리며 따라온다

어머니 연어

어머니는, 출입문이 하나인 방에 갇히고
칠십오 년 전 바다에 뜬 엄마의 치맛자락에 갇히고
오만 가지도 넘는 징한 생각에 갇히고
문득 목까지 차오르는 그리움의 경련에 갇힙니다

어쩌다가, 대장암으로 잃은 항문을 배에 숨겨둔 채
똥주머니 차고 뜨뜻한 온기를 느끼며
똥주머니가 새거나 소독하는 날에는
방을 빠져나가지 못한 지독한 인생냄새에 갇힙니다

한날한시에 잃어버린 아버지 엄마를 부르며
물살을 거스르지 못한 구순의 연어가 되어
108개의 염주알을 돌리면서도
여덟 살에서 빠져나오지 못합니다

기억 속 고향에서 돌아온 연어는

〉

창문을 열고 전깃줄에 앉은 새들을 보고
어항의 구피를 보고 나른한 햇살이 앉은 꽃나무를 보며
"사랑해 사랑해 엄마가 너희를 사랑해"
주문을 겁니다

어머니의 눈물꽃은 오늘도 피어납니다

"이래봬도 라떼는 말이야"
강을 거슬러 차오르는 연어처럼
어머니의 부리부리한 눈빛이 보고픈 날입니다
오늘은,

망태 사랑

한쪽 갈비뼈에 영혼 불어넣어
내 뼈 중의 뼈요 살 중의 살이라 부부의 연을 맺었는데
잡은 손 홀연히 놓았던 자리에
색 달아난 진달래꽃 무정하다 무정하다

두견새는 밤낮을 뜬눈으로 지새며 꽃진 자리 지켰건만
한창일 때 툭 떨어져 눈에 아른 귀에 쟁쟁해도
바라만 보는 강물은 거칠고 무섭기만 했다

유방암으로 잃은 텅 빈 왼 가슴에
카네이션이 되어주기로 한 그 남자
일흔을 갓 넘긴 나이에 만난
아버님과 화순 암병원에 가기로 했다며 수줍게 소곤댄다

오목 가슴에 시들지 않을
사랑꽃 부풀어 오르고 있다

채울 수 없는 헛헛함

"딸만 다섯인 집에서 태어나 나는 아들만 셋 낳았어

시아버지는 겨울이면 시린 내 손을 잡고 아랫목에 넣어 주시곤 했다네"

"천하를 얻은 것 같았어"

"나이가 들수록 혼자라는 마음이 들어. 지지리 복도 없어 딸 하나를 못 낳았구나 싶으이. 남편 보내고 생때 같은 아들꺼정 보내니 더 그랬어"

말라비틀어진 눈동자가 하염없이 흔들린다

방구석 한쪽에 중심 잃은 나뭇잎 한 장 회한으로 붉게 타오르며

핏기 하나 없고 관절염 앓은 퍼석한 낙엽에

어머니의 고개 숙인 넋두리가 비명碑銘처럼 처연하다

딱, 딸 하나 있었으면 좋았을걸

그러고 보니 나도 딸이 없다

작금作今* 어머니

딱, 거기에 서면
느닷없이 올라오는 자아가 부끄러워지거나
삐끗대는 성질도 찹찹해지거나
스멀거리는 오욕도 고개를 숙이거나
세상만사事, 사思, 사史가 햇살 한 줌밖에 되지 않는다

해를 낳은 수평선에 고단한 고깃배의 기다림은
각을 세운 일상을 접고 바닷길을 내어준다

끝없이 바다끝을 황망히 바라보는 빨간 등대는
붉은 해를 머리 꼭대기에 올리는 순간
빛의 공화국을 꿈꾸며 벌건 숨 식어간다

보라로 물들이는 바람의 색과
강단진 어머니의 입심으로 갓이 빳빳하게 살아나고
옥수수, 마늘, 고추, 두릅, 달짝지근한 시금치는 철 따라
어둠을 뚫고 전사처럼 푸르디푸른 승전가를 부른다

마을에 이르면 이정표 같은 팻말이 있다
'카르페 디엠'

그래! 지금 바로 이 순간이야

* 카르페 디엠:(라틴어) 현재 이 순간에 충실하라는 뜻
* 돌산읍 금성리.

언덕 위 그 집

주인을 기다리는 꽃나무들만 고개를 내밀고 있는 그 집
고장난 폴더처럼 접질러진 허리로
가는 바람에도 너덜거리는 대문을 연다
화단에 옹기종기 앉은 꽃향기가 코끝에 안기고
산새의 목울대가 아침을 흔들어 깨우는 시간
주인의 헛기침을 기다리는 멍순이의 레이더망은 한결같다

두루두루 앉아있던 집들은 깡통처럼 버려진 지 오래다
유일하게 남은 어머니의 집
마루에 걸터앉아 말조차 잃고 먼 산 바라본다
정적을 깨는 전화벨 소리에 노모와 백구의 심장이 나댄다
"딸만 넷을 낳았어. 아들은 출근해서 그 길로 집에 돌아오지 못했지…… 다들 잘해 줘, 이보다 더 잘할 수는 없어"

딸이 온다는 전화에 새털처럼 가벼워진 몸
멍순이도 알아채고 꼬리를 흔든다
어느새 밭으로 향하는 노모의 마음은 밭 한 마지기다

| 제3부 |

눈길이 뜨거운 우체통

콩깍지

옜다, 살다 보니
제 눈에 안경 그놈의 콩깍지가 툭, 툭, 툭
힘없이 떨어져 나가더군 체념이라고 할까
틈이라곤 없는 콘크리트 벽 같은 마음에
구멍이 숭숭 뚫리기 시작했어
시간여행을 멈추진 않았지만 평행선을 걷는 것만 같아

포기하고 비우고 응?
콩깍지는 진작에 벗겨져서 하나도 없제

가을 무늬 진 낙엽이 출렁 내려앉아 가부좌 틀더니
"니가 말하는 그 사람도 마찬가지일걸"

이제 와 보니 그만한 나무도 없어야

늘, 그늘이 되어줄 사람

사라진 골목길의 소리

오가는 눈길도 훈김도 퀘퀘한 냄새도 사라진,

달려드는 차를 피하려 두 발 보듬고 선,
시멘트 바닥 틈새에 핀 풀꽃처럼 위태로운
쓰레기더미 뒤지는 고양이 톡 불가진 눈
신호등 켜고 앉아 경찰관처럼 상황을 주시한다

전봇대에 쉬어가는 새들보다 카메라가 둥지를 틀었다
쓰레기불법투기 단속 중이라는 멘트가
인기척만 있으면 종일 쫑알대는 골목

옛날 옛적 기억의 셔터가 눌려지고
흑백사진처럼 인화된다

이웃들의 집 안이 하나도 궁금하지 않았던
키 낮은 돌담 대문은 그냥 폼이었다
〉

해거름이면 집집마다
고만고만한 냄새들 골목 채우고
산기슭 내려온 나뭇가지 탄내가
밥 끓는 냄새에 섞여 나오곤 했다
밥때가 되면 이 골목 저 골목에서
이름 소리가 호명되곤 했다

"이 가시네야 밥 묵게 언능 안 들어오냐"

지금도 허공을 떠도는 그 환청 소리

어머니의 보청기

여자만 파도가 제집을 나선 날
진펄을 파고들던 근육질 낙지가 육지에 올랐다
착 달라붙는 젓가락에 힘 쏟으며
하루의 손끝에서 만나는 조은식당이다

벨이 울리고, 보고 싶은 노모의 목소리가 기어들어 간다
"어무이 핸드폰을 바꿔야 쓰것네"
"아야 보청기도 고장인갑다. 통 뭔소리가 안 들린게 깝깝허다"

어쩌라고……

도마 위 탕탕이 소리가 저만치 들려오고
탕 안에 꿈틀거리는 낙지를 보고 있자니
뒤틀린 내 심사를 들여다보는 듯하다

조은식당에서 좋은 음식 먹는 사이

조은엄마 조은딸에 대해 음미하는 중이다
맛깔나는 식당처럼 맛깔나는 삶을 위하여
엄마소리를 찾아드릴게요

어둠이 가로등 불빛에 갇혀 옴짝달싹도 못하는 밤
여자만 옆구리를 간질이는 파도는
보청기 속으로 파고들어
바다와 뻘밭의 경계를 자꾸만 허문다

다, 그런 거지

화성남자와 옆에 누운 지 이십하고 구 년
쨍쨍 소리 내며 부딪치다
'님'에 점 하나 찍고 돌아눕는다

속 끓여 잠 못 드는 정적을 뚫고
부엌에서 그릇 부딪치는 소리
단단한 마음 부서져 조각 난 소리
자존심 씻겨 내려가는 소리
수세미로 벅벅 문질러대는 소리
그 남자의 속 풀어내는 소리

"미안하다 미안했다"
수없이 써먹은 레파토리 녹음기 틀 듯한다

벌건 눈을 훑어내리는 나도 가슴에 손을 얹고
뒤집지 않으면 새까맣게 타버릴 전병일까 하여
오른편으로 눕다 왼편으로 몸을 돌린다

문틈 새로 들어온 가을바람이 짓눌린 가슴을 쓸고 간다

'남'에 점 하나 떼어내며 금성여자가 되어보는 밤이다

아픈 손가락

열 손가락 깨물어보면 흠, 유독 아픈 손가락이 있지

젖꼭지를 향해 돌진하는 유선의 거침없는 질주처럼
온몸의 피돌기는 그, 손가락에 몰리지

생각만 해도 쿵, 하고 떨어지는 바위덩이 같은 마음

안 아픈 손가락 있는 줄 아냐면서
유선乳線이 몰리는 곳을 숨기는
마법을 부리는 칠남매를 둔 엄마

그녀를 닮은 나도 가끔 두 손가락이 아파서
기도의 호흡으로 싸매고 있지

내 인생의 로또여!

안 맞아, 죽어도 안 맞아 어떻게 그렇게 안 맞을 수가 있어
너만의 독특한 상象을 내려놓고 관점을 다양하게 해봐
니 발에 양말이고 니 손에 장갑이고 니 눈에 안경이라고
수많은 물음표에 밑줄 긋고 생각해 보면
수많은 느낌표가 될 거야

겉사람으로 살지 말고 속사람으로 살아봐
빤히 보이는 지름길도 좋지만
비틀거리며 보이지 않는 곡선으로도 걸어봐
먼저 손 내밀어 보라고
그리고 지피지기 일체유심조로 살아봐

명자꽃이 붉은 입술 열어
네 소가지를 들여다보라고 열변을 토한다

"그래도! 네 인생의 로또여!"

세 남자

하루의 고단함을 저울에 달면 얼마나 될까
술잔 기울이다 제 것도 맘대로 못해 삐그덕대는 입술

직장상사와 동료에 대한 호불호, 가족에 대한 책임감
담 걸린 듯 어깨를 비틀어댄다

본인이 하는 말에 대한 결연함, 쉼표도 없다
말하는 한 사람, 듣는 한 사람,
끼어들 틈새를 엿보는 한 사람,

말하는 사람이 자기말만 한다
말 많은 사람 정말 싫다고
불판에 고기도 한마디 건네고 싶다
'나도 속 타고 있다고'

말 한 사람도 듣는 사람도 피차 힘들기는 마찬가지
그러고 보니 마주한 남편의 어깨도 축 처져 보인다

잘 익은 고기를 가만히 내밀었다
꾹 다문 지갑도 열었다

다들 힘내!

만개晩開하는 꽃

색 바랜 널 보며 달팽이관
간지럽히는 삼단 고음으로 목젖 뒤끝 동굴 저음으로
아리아를 부르고 축배를 외쳐도
노랗게 뜬 얼굴로 고개 떨구고 있는 너,
성장통조차 멈춰버린 것일까

왜 그 모양이냐고 뭘 해도 거기까지냐고 투덜거릴 때마다
어르고 달래고 으름장 놓으며 너 좋고 나 좋고
잘해 보자 했는데

빈손이 어쩌고 내려놓아야 쉼이 온다나 저쩌고
바보 도가 튼 소리만 하며 야위어만 가는 너,

하루에도 몇 번씩 눈 맞추며
두 주먹 불끈 쥐고 힘내 하는데도 넌…넌…

어느덧 늦은 봄이야 깨어나렴 제발… 좀

가시를 품고 살았제

참, 질기다 뿌리째 쥐어뜯고 뽑아 올려도
오묘한 향취를 품은 꽃망울의 도도한 눈빛
보랏빛 유혹에 홀린 듯 훔치다가
소름 끼치도록 감고 있는 수많은 침들을 만난다

가슴앓이 하고 있다면 사는 것이 가시밭길이라면
명치 끝 울음 울고 싶다면 엉겅퀴에 돋친 가시를 만져 보라

가시나무새 되어 아플 것도 무서울 것도 없이
엉겅퀴 가시로 무장한 채
세상 끈질기게 투쟁하듯 살았다는 구순의 노모처럼
가끔씩 가시에 찔려 번뜩, 나를 깨우고 싶다

보리밥집

2:8 보리밥이 고봉으로 오른 날이면 배가 고팠다
아랫목에 이불 둘러쓴 노란 양은 밥통을 열면
왼 종일 싸돌아다닌 발냄새에 더 시장기를 느꼈다

혀를 감고 돌며 미끄덩미끄덩 냅다 내빼는
보리밥알이 얄미운 날도 여전히 배는 고팠다

드르륵 문 열고 들어간 추억의 보리밥집
썩 내키지 않은 주인의 살가움에도
배고픈 기억에 오감조차 주춤하다
젓가락질 몇 번에 힘없이 풀리는 보리밥알들

꺼칠꺼칠 혀돌기를 잡아먹을 듯했던 무우잎은 아니지만,
잘 비빈 깡보리밥을 올려 쌈을 했다
오십 허리 보릿고개를 넘긴 보리밥

그때는 그랬어...

어릴 적 생각이 맑아지는 한낮
햇살 아래 보리알이 탱글탱글 영그는
다랭이 보리논둑길이 밀물 되어 유유히 밀려온다

어머니 마음

외로움은 얼음꽃이다
가슴팍을 후비고 들어와 마른 젖가슴을 훔치곤 했다

생각하지 않은 것 같으나 생각지 못한 것이 없고
아무것도 하지 않으면서 못하는 것이 없고
가진 게 없어 보여도 요긴한 것은 있는,
놓고 비워야 편하다는 것을 알아버린
삶에 익숙해진 홀로 방에,

얼음장 밑도 녹여버릴 봄처녀가 와 있다
이동꽃집에서 사 오셨다는 삼천 원의 행복이
탁자에 다소곳하다

"꽃이니까 지는 거지, 지면 또 사 놓지 뭐"

당신의 마음도 놓아주는 소리다
검버섯 같은 점들이 꽃 진 자리에 삶의 무게 꽃으로 피었다

그럴지라도, 지금 이 순간 앙증맞은 꽃에 물들 줄 아는

어머니 마음은 늘 꽃봄이다

예, 말이요

여보라는 말
당신이라는 말
자기라는 말
어색한 그 말

웬만해선 부르지 않는 아버지지만
꼭 불러야 할 때는
예, 말이요
자식 일곱을 뒀지만
엄마는 큰딸의 이름 끝에 누구 아부지라 부르지 않았다

늘 예, 말이요

엄마는 십수 년째
예, 말이요 대신 누구 아버지라 부르지 못하고
아버지는 느그 엄마 어디 갔냐 묻지 못하신다

나도 아들이 둘 있지만 누구 아빠라 부르지 않는다
그냥 예, 를 길게 부르면
남편은 어, 라고 입술이 마중 나온다
아마도, 핏줄을 타고 언어도 유전되나 보다

여보와 당신 사이 언어의 온도가 있다

눈길이 뜨거운 우체통

한 말 또 하고 한 말 또 해도 언제나 처음처럼 하는 그 말
"선상님은 어찌믄 그리 이뻐요"
엄살 부리며 팔뚝 내밀면 허허로운 벌판 같은 두 눈 다정하다
"응? 어디 아픈가? 아프지 말소잉"
매서운 겨울 구들장 데워진 아랫목에 뜨거운 고구마 같은 말

엄니는 채워지지 않은 그 무엇이 있는 걸까?
딸 같은 나를 볼 때마다 두고 온 고향 연도에 가고 싶다며
천 원짜리 두 장 호주머니에서 꼬깃꼬깃 닳고 있다
"무정한 세월 가지를 말어라"
노랫소리만 방안에 흐르는데.

뭍으로 떠난 후 소식 없다는 그 딸
채우고 채워도 채워지지 않는 허기 같은 그리움.

구순 엄니는 삐그덕 열리는 대문 소리와
사계절 내내 우체통을 가슴에 품고 산다

소소한 효도도 못한 날

모기 눈곱만큼도 의지가 없이 바보처럼 살다 구순을 넘겼다
곰탕 한 그릇 뚝딱 하시는 엄마를 보고 쓰나미가 밀려온다
No인지 Yes인지 어쩌란 건지 도대체 말이 없으시다

조그만 호의를 효녀상 내릴 것처럼 고마워하는
140cm 겨우 넘는 엄니의 가슴에 태평양이 넘실댄다

"커피를 못 먹어도 먹고 싶을 때가 있더라"

자판기와 엄마
커피를 거들떠도 안 보는 나는,
외래어만 쓰여있는 자판기 앞에서 서성이다
에스프레소를 누르니 간장처럼 나온다
한 모금 마시다가 내뱉는다

엄마의 인생 같은 세상에서 제일 쓴맛

엄마라는 이름

잎새들 마른기침을 하며 펄썩 주저앉는다
밟으면 안 될 것 같은
시간을 견디지 못한 낙엽을 담아놓은 포대
한쪽 귀퉁이에 아슬아슬 세워져 있다

어쩌다 파삭하고 밟힌 나뭇잎의 관절이
어긋난 삶을 이어오며 '짐'이라 여기는
엄니의 외마디 신음소리 같다

납작해진 정수리에 몇 가닥 남은 머리카락
"남편 먼저 보내고 자식 키우려 떡 장사하며 죽을동 살동 쎄빠지게 일했지! 그래서 이 모양 이 꼴이여"
하시며 틀니 환하게 웃는다

웃는 게 웃는 것이 아니여 할법한데,
때깔 좋은 붉은 동백꽃, 빈 가슴에 훈장 되어 피었다

또 다른 엄마인 나는, 구멍 숭숭한 낙엽에 숨어들고 싶다

꽃대화

화단에 오종종 앉은 들국화
주인의 눈 맞춤을 고대하며 아양을 떤다

"엄니! 나는 왜 사람으로 태어났을까, 이 꽃들 좀 봐 한철 이쁘게 살다 가니 얼마나 좋아. 깔끔하게 말여"

"푸대접 받는 풀 좀 보소! 저것들도 씨 맺어 세상에 태어나 제 할 일 다하지 않는가"

팔십 년 세상 밭에서 뒹굴다 고철이 된 엄니
깊게 패인 주름진 목소리가 가뭄의 갯벌처럼 갈라진다

"그래도 꽃으로 살다 가믄 더 좋을 것 같아요"

"아까운 놈 하늘로 보낸 나도 사는디 그런 소리 한당가, 살다 보면 꽃도 피는 거여"
엄니의 미소가 새털구름 되어 흐른다

아버지의 일침

가뭄이 들면 여기저기서 들리는 한숨
지진 난 논바닥마냥 갈라졌다
애간장이 졸아붙어 심장을 태우고
원망조차 할 수 없을 때 하늘비가 내렸다

아버지는 누구보다 먼저 물꼬를 트려고
후레쉬 하나 삽 하나 치켜들고 억수 같은 비를 가르며
천수답天水畓 네모난 방에 출렁출렁 가두었다

주인의 마음을 알아차린 듯
때깔 좋게 논배미가 초록으로 부풀어 올랐다
벼의 비상을 눈꼴사납게 여겨 방해하는 꾼이 숨어들었다

피稷다

초록은 동색이라며 낯짝 두껍게 기생하며
나락의 피血를 빨아 먹고 있으니

아버지는 "피 뽑으려다 벼 다친다"며
추수 때까지 가만히 놔둘 일이라 하신다

그러거나 말거나 피稷는 피대로
벼는 벼대로 노랗게 익어 가는 중이다

무심한 듯 살아도 '때가 되면 알게 될 일'
이라고 하시는 아버지 어깨에 햇살이 뜨겁다

기억의 해각海角

큐브 속에 갇힌 어머니의 조각난 방
가지가지 생각들 걸러지지 않은 채 모서리에 툭 턱 툭 턱
이른 아침부터 전화 너머로 들리는
철문 긁어대는 목소리

또, 또 그물에 가두어 둔 생각들 퍼덕거리는 걸까

한 번의 울대를 가진 가시나무새가
움츠린 날개를 푸드덕 펼쳐
칠십사 년 전 그때를 다녀온 것일까

아직도 해결되지 않은 서류 속 핏빛 같은 도장
그날 형제섬에서 억울하게 죽은 아들이 토해낸 각혈만 같다

고장 난 문고리처럼 안에서만 열 수 있는 방에는 그리다 만
붉은 부적들이 눈물을 뚝뚝 흘리며 돌돌 말려 있다

육지가 바다 가운데로 뿔처럼 뻗어나가며
슬픔의 밑동을 울리는 기억이 새어 나오는 방안에는
좀처럼 시들지 않는 국화꽃만 이리저리
어지럽혀 있는데…… 어쩔거나 어쩔거나

예쁜 치매

논에서는 이놈의 피
밭에서는 망할 놈의 풀
화단에서는 분수도 모르는 풀때기
아무짝에도 쓸모없는 잡초라는 굴레

엄마, 자식, 아내, 여자의 이름으로 모두 다 잘해야
겨우 칭찬 하나 부메랑 되어 돌아오는 잡풀 같은 삶
세월이 깊게 흐를수록
넘어진 자리마다 거무튀튀한 흉터만 각인되어 사는데

치매를 앓으며 궂은일 다 잊고
좋은 것만 기억하는 엄니,
노상 꽃밭입니다

| 제4부 |

기다림으로 뼈가 굵어지는 섬

생의 미학美學

바람 끝에 매달린 찬서리가 바다의 비릿함도 얼려 버렸나
파도의 급살스러움도 잠재웠나
갯바위에 부딪히는 뱃길 물보라도 재잘거림으로 들렸나

언제 날아와 앉았을까
바위틈에 가부좌 튼 키 낮은 소사나무 씨실 날실 같은 해풍도
태양의 핥음도 찰싹대는 물벼락 싸대기도 견디어냈겠지
시커멓게 타 버린 속사정도 있겠지만
바닥으로 납작 엎드렸다
말없이 때 되면 제 잎으로 몸의 무늬들을 암각화로 새기며
그렇게 하루 지나 또 하루 깊은 뿌리 아니더라도
바위틈에 오히려 발을 굳게 내리며

철사같이 견고한 어울림의 미학
가장 낮은 곳에서 오체투지의 부활이다

여인의 기원祈願

흥하고 망하는 게 다 하늘 뜻이지

대웅전 앞 장대에 걸린 괘불 하강하면
야단법석野壇法席 인산인해 이룬 중생들
범패를 통해 산 자와 죽은 자 앞에 합장하고
스님의 설법은 귓바퀴 돌고 돌아 층층 탑 쌓는다
그 날 그 봄날에……

흥국*을 바랐거니,
댓바람에 역병의 숫자를 알리는 안내문자
공약을 남발하는 용이 되고픈 자들의 난투극
공중파는 연일 펄펄 끓어 오른다

그러거나 말거나, 봄은 또다시 봄
꽃은 가슴앓이로 심장 터질 듯하고
계곡 울리는 범종소리 세속을 씻어내며
야생의 생명체도 시끌벅적 왁자지껄 난리법석이다

이생과 인연에 옷깃 닿은 사람도
무사안일 바라며 천 배 올리는 중이다

"이 또한 지나가리"
"이 또한 사라지리"

목탁소리 염불소리……

* 여수시 중흥동에 위치한 홍국사.

관점을 끓이다

점 하나에 웃고 웃는다
'도로 남' 노래를 흥얼대며 저녁밥을 짓는다

시래기 끓는 물에서 색 곱게 다시 피어난다
뭉텅뭉텅 손아귀에 움켜쥐고 묵은 기억 짜내고
멸치육수 푹 우려 양념에 버무린다
땡초 송송 썰고 깐 마늘 곱게 빻고 들깨 한 움큼,
구수한 시래깃국이 입안에 착 감친다

생각하나 바꾸면 쓰레기가 시래기 되고
구수하기도 하고 맵기도 하는
남이, 님이 되는 세상

별 같은 마음으로 관점을 끓이면
미각을 자극할 수 있는 새로운 별미를 만들 수 있겠지
시각의 각도를 조율하고 싶다

앙큼한 여인

바다는 소리 없는 전쟁터다
단단하지 않으면 살 수 없고 드세지 않으면 버틸 수 없다

웃음 헤프면 이놈저놈 달려들까 봐
뾰로통한 입, 철갑을 두른 비늘, 바다를 자를 기세로
칼날 같은 지느러미 날을 세운 여수 심해에는 꽃돔이 산다

작은 몸집에서 나오는 다부짐
어찌나 악착같이 바닷길을 내고 살았는지
살결이 선홍색에 흰 꽃비단이다
작아도 버릴 것이 없는 알짜배기

꽃돔 닮은 그 여인의 부엌에는
숨겨둔 샛서방을 생각하며 석쇠가 벌겋게 달아오른다

흠, 냄새가 난다

그녀, 일생의 맛

생존 집착 때문일까 한쪽으로 쏠린 눈
날렵한 몸은 아첨하다 벌 받은 혓바닥 같고
허둥지둥 사느라 챙겨 먹지 못했는지 말라 있군

내 속마음 말을 눈치챈 걸까?
야심 찬 그 말, "한 번 잡숴봐!"

사십 년 내공을 대놓고 자랑하지 않은
일흔을 넘긴 주인장의 펑퍼짐한 너스레
외줄타기 하듯 살았던 그녀의 손끝에서 양념들 신명 났다

갓밝이 틀 무렵 공수해온
여수 앞바다와 시골 밭 한 뙈기, 둔전 마을 채소와
여수 막걸리 식초가 양푼에서 만나 마술이 시작된다
둘러앉은 식객의 목구멍을 타고 미끄러지는 외마디

서대회 무침 그래 바로 이 맛이여!

꿈꾸는 새

파도가 하얀 이부자리를 향해 달려오고
달빛 세레나데를 부르며 꿈길을 걷는 밤

한쪽만 긴 다리
마른침 삼키며 날아오르는 법을 익혀도
여전히 제자리 돋움, 지우고 싶은 태생이다

꼬깃꼬깃 뭉쳐진 꿈 접지 못해 다리만 새가 되어
욕망이 질편한 갯벌에서 새조개의 비상飛上이다

"난 완전 새 됐어"

잠꼬대에 귀가 솔깃해져
잠 못 이루고 한 번 더 달빛으로 뛰어오른다

이제는 날 수 있어!
자꾸만 옆으로 튀어 나간다

드라이플라워

낭떠러지에 납작 엎드린 놀라 자빠진 꽃이었다가
금단 같은 길이었다가

아름다울 줄만 알았던 건 아니었으나
그렇게까지 될 수도 있을까 회한이 발버둥 치며 달려들었지

여자의 마침표 같은 붉은 점 하나
주섬주섬 나이를 챙겨들고 몸 밖을 빠져나갔어

생각을 갱更 자로 뚝딱 고치니
온몸 마디마디 철커덕 철커덕 뼈들이 맞춰갔어

물속에 잠겨 드라이 된 꽃

시간을 거스르지 않는 꽃으로
생의 새로운 이력을 써 내려가는 중이다

책갈피

그래요

책 사이 나를 읽을 자리
표시하듯 껴놔요

옆구리에 갈비뼈 제자리 있나 없나
확인하듯 해요

옆 친구한테 곁눈질할까 봐
내 눈 안에 넣어놓아요

잠들 때 옆으로 새어 나갈까
확인하듯 날 껴안아요

날
꼬. 오. 옥 껴안아요

멘탈 붕괴

호주머니에 차키를 찔러넣고 나선 아침이다
머릿속이 하얗다
어디에 두었을까 경적을 울려도 묵묵부답이다
치켜올린 머리카락을 타고
땀방울이 실실거리며 약을 올린다

한참만에 엉덩이 펑퍼짐한 그를 찾았다
다가서자마자 철커덕 명쾌한 소리로 화답한다

그가 마련한 아방궁에 앉았는데
등골이 오싹, 한기를 느낀다

여전히 그를 찾아다니는 아침이 잦아졌다

나. 원. 참

만 원어치의 심상心像

바짝 마른 무청이
너덜너덜 빨래집게에 묶여 있는 심보다

사방을 둘러봐도 그림자 같은 시간에 갇혀 있다가
거지중천에 휘청휘청 헛손질만 하는 내게
만원의 사랑이 왔다

천대전송, 라울, 취설송, 방울복랑, 펜덴스다
젖살이 미쳐 못 빠져나간 통통한 볼은
발그레 봄이 올라앉았다

봉인된 속이야기들
첫눈을 맞추며 마주앉아 안부를 묻는 시간

사막여우의 마른 울부짖음 같은 고비사막을 견뎌왔을,
저들의 악착스러운 위로 선물에
가만히 마음을 기대어 본다

보시

세월이 뭉쳐진 얼굴,
수사자 갈기 같은 머리카락,
손등에 피어난 검버섯 무늬
무심한 듯 창가에 앉은 천대전송과 눈이 맞았다

적선의 눈빛을 읽어내린 걸까
근심도 욕망도 비우고 살라며
천 잎마다 천 개의 입술 열어 뭐라고 한 마디씩 건넨다
아무래도 다 부질없다는 말씀
움켜쥔 손 바라보는데
집착이 손가락 사이를 빠져나간다

바람도 잠시 머물다 마음을 쓸어내리며 제 길을 간다
심안이 열리니 두 손 받친 바리때가 보이는
참, 맑은 아침이다

신종 스마트폰

처음처럼 애지중지한 사랑을 속달로 이별 통지문을 보낸다
예전과 다른 새로운 강력한 유혹
그. 님. 참. 멋지다

서로를 향한 버퍼링 중
밀당의 고수 진한 스킨쉽의 스킬
주머니 속에 넣고 늘 만지고 너를 꺼내서
대화하고 싶다는 달콤한 속삭임

넓고 깊은 새로운 세계 잡히지 않은 헛수고의 연속이다
더 깊이 빠져들면 나를 잊을세라 가슴 졸인다

익숙해지고 편해질 때면 소원해지겠지
다른 님을 향한 탐색 안테나를 곤두세우겠지

몇 년마다 님을 바꿔치기하는 난 진정한 바람둥이

시시때때로

한 평 남짓한 곳에 심겨진
시, 주머니 털리고 나니 우주의 심장이 툭, 떨어진다
버퍼링만 신명이 나서 돌아가고
레이더는 망을 포착하지 못해 갸우뚱 비뚤어졌다

볼펜 까만 똥은 속만 태우고
나란하게 누워 일어날 줄 모른다

꽃이 지면 필 때가 있고
새도 둥지를 틀다 창공을 가를 때가 있고
기우는 달도 차오를 때가 있고
돌아선 마음도 돌이킬 때가 있고
날 때가 있으면 기어갈 때가 있지

엄동설한 달아오른 노란 복수초
백설 뚫고 더 눈부시게 시심詩心을 불태우네

길

낙엽이 달리는 자동차 앞 유리 싸대기를 때리고 가니
아프다는 비명 대신 무엇을 잘못했는지
반성문을 긁적거려 본다

무엇에 홀린 듯 목적지를 지나치고
되돌아오려면 한참인 길을 정처 없이 갔다
외통수인 터널을 통과해야 유턴할 수 있는 길
길이란 것이 그렇다 잘 가면 일사천리지만
잘못 들면 간만큼 다시 되돌아와야 한다

목적 없이 멀리 가 버렸던 철없는 길도 있었고
가지 말아야 할 길 겁 없이 간 적도 있었다
필연처럼 돌고 돌았던 길이었지만,

가을바람이 내 마음의 틈을 비집고 들어와
"잘 가고 있어!"
"그게 너의 길이야!" 어깰 토닥인다

그리움만 쌓이네

따개비처럼 붙은 칸칸이집 몸 닿아야 지나는 골목
의도치 않아도 옷깃을 스쳐 인연이 되고
연민이 쌓이는 곳이다
돌아다보면 소금기둥 될까 고향만 품고 산 지가 수십 년째

집 앞만 서성이다 벙어리 냉가슴만 앓았다는 동네 오빠
봄이면 튀밥 튀듯 뻥뻥 터지는 당산 벚꽃나무
빨갱이로 몰려 가문을 쑥대밭 만들어 놓고 죽은 오빠와
열여덟 기억에 멈춘 영자, 숙희
두고 온 이들이 생각나면 잠을 설친다는 그 어머니

오지는 않고 가기만 한다는 나이를 먹는 동안
마당에 폈던 목련꽃이 수십 번 피고 지고
구십이 가차와도 엄마라는 말에 허기가 밀려와
꿈에라도 한 번 보고자운디
어찌된 일인가 한 번을 안 보인다는,

〉

그래도 가끔 은하수 금빛 강물 되어 흐르는 꿈길에
'딸이 서 있다'는
넘지 못할 강만 바라보는 미수米壽에 즈음하여.

가시꽃

엉겨 나온 가시 같은 마음

나를 보라며 가르치는 검지
손가락 마디마다 통증으로 기형이다
허리뼈가 무너져 수그리는 것도 맘대로 되지 않는다

오랫동안 굳어 닫혀버린 마음 문고리 고장 났다며 엄살이다
아집이란 가시가 찔러댄다
태생부터 가시였다고 버틴다

가시끼리는 상처를 주지 않는다고
오히려 보듬어 천적으로부터 보호한다고 검지가 입을 연다

깊게 박힌 불신과 편협을 뽑아 버리니
선인장 몸을 뚫고 나온 수억 개의 가시들

수억 개의 가시꽃으로 빛난다

낙엽의 기술

한 움큼의 가을,

놓아야 취할 수 있다는
빈손 빈 마음일 때 가벼워진다는
한 번 버리면 버릴 수 있는 용기가 생긴다는

그러니까 그렇다는 말 누구나 쉽게 하는 말
그냥 낙엽으로 떨어지는, 어디론가 훅 날아가 버리는,

미움도 자괴감도 욕망도 바람의 문양에 새기어 보낸다

그때, 살짝 미련 한 장이 도둑처럼 들어와 앉는다

기민한 몸짓에 마음이 녹아내리는,
가을볕 따스한 오후 한나절

기다림으로 뼈가 굵어지는 섬

너울파도가 일면 파도가 되는 섬
망부석이 된 팽나무 한 그루
동산에 고목이 되어 세월을 묻고 있다

갯벌 여울 같이 주름진 피부의 여자도 그 여자
소금기 어린 건조한 웃음 조개껍데기 같은 딱딱한 말투로
언덕 위 그림 같은 집 짓고
턱 괴고 앉아 바다의 그림자를 훑는다

월척을 꿈꾸며 바다에 나간 사내 기다리며
붕장어 다리가 꿈틀거리는 착시에
그 여자 감성돔처럼 눈을 동그랗게 뜨고
몸을 이리저리 파닥여 본다

기다림으로 뼈가 굵어지는 섬
그 여자의 여자도는
온통 그리운 쪽으로 곱게 물든다

|해설|

직관적 체험과 관조, 서사적 실경實境 농후한 관계성의 미학

—서수경의 시세계

우동식 | 시인

I.

시를 쓰면서 늘 고민하는 것은 좋은 시란 어떤 것인가? 라는 질문이다. 거기에 대한 답변은 수없이 다양할 것이며, 정답은 존재하지 않을 것이다. 그럼에도 불구하고 굳이 보편적 답을 구한다면, 동서고금을 막론하고 지금까지 시적 생명력을 가지고 회자 되는 시들일 것이다.

그런 시에는 시적 형상화 이미지가 선명하며 말하고자 하는 이야기나 주제 메시지가 뚜렷하다고 해야 할 것이다. 뿐

만아니라 시어를 함축적으로 정제하여 운율을 넣어 둠으로 시가 리듬감 있게 잘 읽히며, 공감이나 감동을 주는 것이라 할 수 있을 것이다.

서수경 시인의 시집은 이러한 기본적 시 창작 패턴에 매우 충실해 보인다. 형상화에는 체험적 관찰이나 관조가 잘 드러나며 구체적 묘사, 보여주기와 들려주기를 통하여 시적 진정성을 확보하였다. 관찰觀察, 관조觀照, 응시凝視로부터 형상화는 시작될 터인데 관찰은, 사물의 현상이나 동태 따위를 주의하여 잘 살펴보는 것이며 관조는, 고요한 마음으로 사물이나 현상을 관찰하거나 비추어 보거나 참된 지혜의 힘으로 사물이나 이치를 통달하는 것이다. 응시란, 말 그대로 시선을 한 곳으로 모아 집중해서 뚫어지게 바라보는 것인데 바라본다는 것은 관심을 가진다는 뜻이기도 하다. 라이너 마리아 릴케 시인이나 랭보라는 시인도 "시인은 보는 사람이라고 했다" 서수경 시인은 특별하게 더 잘 보는 사람임으로 틀림없는 시인이다. 눈을 잘 써야 말과 글이 좋아지는 것은 확고부동한 사실이다. 생떽쥐베리처럼 사물을 바라볼 때 겉모습이 아닌 본질을 제대로 볼 수 있으며, 껍데기만 보는 것이 아니라 그 속까지 보며 사실을 넘어 진실을 보고 말한다. 이러한 바라보기 살펴보는 것 비추어보는 것은 체험의 발로發露일 것이다.

그러므로 체험이야말로 시 쓰기의 출발점이 아닐까? 체험에는 직접체험뿐 아니라 간접체험, 시간적 공간적 다양한 체험도 이 범주에 들어간다. 어떤 일을 실제로 보고 듣고 겪거나 특정한 인격이 직접 경험한 심적 과정, 또는 개인의 주관 속에 직접적으로 볼 수 있는 생생한 의식 과정이나 내용을 소재로 하는데 서수경 시인은 생생한 체험의 현장에서 개인적으로 경험하는 인식이나 태도 정서, 형상 등을 시적 안테나를 높이 세우고 오감을 활용하여 잽싸게 낚아채는 탁월한 순발력이 있다.

두 번째는 창조적 내용, 메시지이고 주제이다. 시적 비유와 묘사가 아무리 잘 되고 상상력을 발휘하여 낯설게 하기와 참신한 언어들을 사용하였다 할지라도 전하고자 하는 뚜렷한 내용이나 메시지가 없다면, "그래서 뭐 어쨌다고?" "뭣이 중한데?"라고 되묻게 마련이다.

서수경 시인은 착상이 오면 바로 보여줄만 한 생각거리나 의미와 연결시키며 구체적인 생각과 느낌으로 인생의 새로운 의미를 부여하고, 생에 대한 이해와 가치로 말하듯이 독자들에게 메시지를 던진다. 볼노브라는 독일의 철학자는 "말은 생각의 통로"라고 했다. 시는 한자로 詩=言+寺 언어의 절이거나 언어의 집이다. 말로 무엇인가를 만드는 것이다.

그러므로 시는 언어예술이다.

포이트리Poetry는 그리스어에 나온 말로서 포이에시스poiesis는 '만들다'는 뜻이므로 시는 무엇인가를 만드는 창조문학이다. 언어예술인 창조문학의 궁극은 공감과 감동이다. 발레리는 "시는 감동을 생산하는 기계라고 했다" 시대를 관통하는 공감할 수 있는 메시지, 내용 주제가 뚜렷하여야 좋은 시라 할 수 있을 것이며 감동을 전할 수 있을 것이다.

그러한 측면에서 서수경 시인의 시편은 뚜렷한 내용과 메시지를 전하고 있는데, 기독교의 근원적인 아가페의 사랑과 불교의 측은지심惻隱之心, 그리고 유교의 인仁 사상이 내면에 흐르고 있다. 본질을 추구하는 언어예술로서 공감과 감동을 이끌어내는 데 부족함이 없다.

세 번째는 함축과 운율이다. 시어는 사전에 풀이된 뜻과는 다른 함축적 의미를 담고 있다. 일상의 언어와는 다른 다양한 내포적인 의미를 드러내는데 시어는 가장 정제 되어야 하며 함축적이어야 시의 맛깔이 난다. 그러면서 시는 그림이어야 하고 또 노래를 위한 가사이며, 낭랑하게 읊조려 볼 수 있는 리듬이어야 한다. 운율은 감정의 반응을 높이고 독자들에게 균형감각을 주기 위한 시의 본질적 요소이기 때문이다. 서수경 시인의 시편들은 시, 공간적 현실에서부터 출발하고 이야기식으로 보여줌으로서 한 편의 군더더기 없는 삶의 파노라마이며 갤러리에 전시해 놓은 사실주의 미술작품 같다. 잘 읽혀지게 운율이 형성되었으며 시 한 편의 문장에서 삶과 인생을 함축해 놓았다.

『어떤 통섭 이야기』는 4부로 구성되었는데 제1부 "어떤 통섭 이야기"에서는 세상과의 관계성에 관하여 시상을 전개하였으며 제2부 "작금昨今 어머니"에서는 생활지도사를 하면서 만난 농, 어촌 도시 독거노인들에 관한 이야기들이 주를 이루고 있다. 제3부 "눈길이 뜨거운 우체통"은 가족사이고 가족과 얽힌 그리움에 관한 주제들을 형상화하였고 제4부 "기다림으로 뼈가 굵어지는 섬"은 사랑에 대하여 또는 일반적 삶의 사색과 성찰에 대한 관조가 나타나 있다. 이러한 사실들을 전제로 나는 시인의 시에 관한 시 해설 제목을 "직관적 체험과 관조, 서사적 실경 농후한 관계성의 미학"으로 설정해 보았다. 그리고 소주제로 "직관적 체험과 관조" "농후한 서사와 실경" "삶의 원형적 관계성"이라는 관점을 통해 시를 음미 해 보았다.

Ⅱ. 직관적直觀的 체험體驗과 관조觀照

가스통 바슐라르는 "문학은 사물에 대한 순간적 반응을 언어로 형상화한 것"이라고 하는데, 순간의 미학은 작가가 사물이나 사건에 솔직하게 반응하는 것을 의미하기도 한다. 서수경 시인의 모든 시는 체험으로부터 온다. 그의 시에는 발냄새가 나고 함께 머물렀던 흔적이 보이고 말을 건네고 이야기를 들어주며 유심히 바라본 시선이 있다. 그리고 시적 씨앗을 얼른 주워서 시창작의 얼개를 만든다. 일상생활에서 건져 올리는 시 줍기는 거의 직관적이고 본능적이며 달인의 경지다.

직관적直觀的이라는 것은 어떤 경험이나 추리 판단 등에 의하지 않고 대상이나 현상을 보고 즉각적으로 느끼는 깨달음 같은 것이다. 감관의 작용으로 직접 외계의 사물에 관한 구체적 지식을 얻는 것인데, 여기서 감관이란 동물의 몸에서 밖으로부터의 자극을 받아들이고 느끼는 기관을 의미한다. 경험하지 않은 세계를 아는 길은 관찰뿐이다. 관심을 가지고 몰두하다 보면 거기에 오묘한 세계가 보인다. 누구도 흉내 낼 수 없는 사소한 것들, 주변 것들, 작고 소소한 것들에서 시적 안테나를 높이고 언어의 거미망을 치고 잽싸게 낚아 올리는 힘이 남다르다.

서수경 시인의 바라보기 기법은 CCTV처럼 한 곳에 고정시켜 놓고 사물을 바라보기도 하고, 망원경처럼 멀리서 사물 전체를 물끄러미 바라보기도 하고 현미경처럼 사실을 세세하게 들여다보기도 한다. 때로는 아예 내시경기법으로 사물의 속으로 들어가 내면을 샅샅이 파헤쳐 보기도 한다. 응시나 관찰보다는 좀 더 사색적인 관조라는 표현이 적절한 표현일 것이다. 시 읽기가 가볍고 쉬우면서도 형상화가 탁월하다. 그럼으로 서수경 시인의 시를 읽고 있으면 시, 공간적 사건적 체험의 세계로 빠져든다. 이러한 직관적 체험과 관조는 『어떤 통섭 이야기』 전반에 흐르는 서수경 시인 시창작의 주된 원리이고 어떤 시도 거기서 출발하고 있음을 볼 수 있는데 몇 편을 소개해 보겠다.

너울파도가 일면 파도가 되는 섬
망부석이 된 팽나무 한 그루
동산에 고목이 되어 세월을 묻고 있다

갯벌 여울 같이 주름진 피부의 여자도 그 여자
소금기 어린 건조한 웃음 조개껍데기 같은 딱딱한 말투로
언덕 위 그림 같은 집 짓고
턱 괴고 앉아 바다의 그림자를 훑는다

월척을 꿈꾸며 바다에 나간 사내 기다리며
붕장어 다리가 꿈틀거리는 착시에
그 여자 감성돔처럼 눈을 동그랗게 뜨고

몸을 이리저리 파닥여 본다

기다림으로 뼈가 굵어지는 섬
그 여자의 여자도는
온통 그리운 쪽으로 곱게 물든다

—「기다림으로 뼈가 굵어지는 섬」 전문

"기다림으로 뼈가 굵어지는 섬"은 여자도汝自島이다. 여자도는 여수반도 서쪽 여자만에 있는 섬이다. 여수반도와 고흥반도 사이에 있는 순천만 중앙에 자리한다. 섬의 고도가 낮아서 바람이 불고 파도가 심하게 치는 날이면 파도가 섬을 넘는다고 하여 넘자도, 넘을 여汝자 또는 너여 자를 써서 여자도이다. 시인의 발걸음은 여자도에 있고 시인의 시선은 여자도의 한 여자에게 머물고 있다. "갯벌 여울같이 주름진 피부의 그 여자/소금기 어린 건조한 웃음의" 그 여자, "조개 껍데기 같은 딱딱한 말투/언덕 위 그림 같은 집을 짓고" 사는 그 여자이다. "바다에 나간 사내를 기다리는 "감성돔처럼 눈을 동그랗게 뜨고/몸을 파닥이면서 뼈가 굵어지고 그리움으로 곱게 물들어 가는" 여자이다. "턱을 괴고 앉아서 바다의 그림자를 훑는" 여자의 모습을 직관적으로 체험하면서, 여자도 그 여자에 대하여 CCTV를 고정시켜 놓은 것처럼 바라보고 살피며, 그 속에 빠져들어 보이는 대로 한 폭의 수채화를 그리면서 "그리움으로 뼈가 굵어지는 섬"이라는 명문 대어를 낚아 올린다. 그 여자는 바로 현시대 농어촌 마을이나 섬사람들을 대변한다. 우리 어머니요, 할머니의 모습이며 이 시대의 정형적 농어촌 풍경이다. 군중 속의 고독이랄까? 풍요 속의 빈곤이랄까? 도시와 농어촌 간의 격차 때문일까? 기다림과 그리움은 시대의 정서이며, 섬은 더욱 기다림과 그리움으로 물들어 가고 뼈가 굵어진다. 그래서 잔잔한 여운이 있고 공감을 갖게 한다.

바람 끝에 매달린 찬서리가 바다의 비릿함도 얼려 버렸나
파도의 급살스러움도 잠재웠나
갯바위에 부딪히는 뱃길 물보라도 재잘거림으로 들렸나

언제 날아와 앉았을까
바위틈에 가부좌 튼 키 낮은 소사나무 씨실 날실 같은 해풍도
태양의 핥음도 찰싹대는 물벼락 싸대기도 견디어냈겠지
시커멓게 타 버린 속사정도 있겠지만
바닥으로 납작 엎드렸다
말없이 때 되면 제 잎으로 몸의 무늬들을 암각화로 새기며
그렇게 하루 지나 또 하루 깊은 뿌리 아니더라도
바위틈에 오히려 발을 굳게 내리며

철사같이 견고한 어울림의 미학
가장 낮은 곳에서 오체투지의 부활이다

—「생의 미학美學」 전문

이 시의 절창은 "바위틈에 오히려 발을 굳게 내리며/철사같이 견고한 어울림의 미학"이요, "가장 낮은 곳에서 오체투지의 부활"이다. 시적 공간과 배경은 해안가 바위이고 계절적 공간은 찬 겨울이다. 시인의 시선이 머문 곳은 "바위틈에 가부좌 튼 키 낮은 소사나무" 한 그루이다. 바위와 바위 사이 틈새에 뿌리내린 키 낮은 소사나무는 삶이 얼마나 척박할까? "태양의 핥음도 찰싹대는 물벼락 싸대기/바람 끝에 매달린 찬 서리/바다의 비릿함/파도의 급살서러움" 어느 것 하나 만만한 게 없다. "시커멓게 타 버린 속사정"이라 표현할 만하다. 그럴지라도 시인의 눈은 "바위틈에 오히려 발을 굳게 내려"서 더욱 "견고한 어울림의 미학"으로 보았으며, 소사나무의 줄기가 '철사' 같이 질기고 단단하게 뻗어 있음을 노래했다. 현미경 같은 세세한 관찰이다. 봄이 되어 '말없이 때가 되면' 거기서 잎 싹이 나고 한 그루의 암각화 같고 분재 같은 아름다운 소사나무의 모습을 보았을 것이다. 그리고는 "오체투지의 부활"이라고 생을 찬양하였을 것이다. 사소하고 미미한 것에서 오는 감동이다. 체험과 관찰 그리고 시적인 발견을 통하여 삶에 적용하는 시 창작의 교본 같다. 문학은 어차피 인간학이며 결국 어떻게 살 것인가? 로 귀결되기 때문이다.

딱, 거기에 서면
느닷없이 올라오는 자아가 부끄러워지거나
삐끗대는 성질도 찹찹해지거나
스멀거리는 오욕도 고개를 숙이거나
세상만사事, 사思, 사史가 햇살 한 줌밖에 되지 않는다

해를 낳은 수평선에 고단한 고깃배의 기다림은
각을 세운 일상을 접고 바닷길을 내어준다

끝없이 바다끝을 황망히 바라보는 빨간 등대는
붉은 해를 머리 꼭대기에 올리는 순간
빛의 공화국을 꿈꾸며 벌건 숨 식어간다

보라로 물들이는 바람의 색과
강단진 어머니의 입심으로 갓이 빳빳하게 살아나고
옥수수, 마늘, 고추, 두릅, 달짝지근한 시금치는 철 따라
어둠을 뚫고 전사처럼 푸르디푸른 승전가를 부른다

마을에 이르면 이정표 같은 팻말이 있다
'카르페 디엠'

그래! 지금 바로 이 순간이야

―「작금作今 어머니」전문

여수 돌산대교 지나 평사리 지나 향일암으로 가는 길에 작금作今이라는 어촌마을이 있다. 그곳은 작금항과 붉은 등대와 일출이 아름답고 바다에는 굴양식과 내륙에는 시금치 갓 농사로 풍요롭고 아름다운 어촌마을이다. 작금항 근처에 '카르페 디엠'이라는 애견 펜션이 있다. 시인은 "딱 거기에 서면" 작금이라는 마을 이름과 '카르페 디엠'이라는 단어가 교차하면서 시상을 잡아내고 있다. 작금은 '어제와 오늘'을 이르는 말이고 '카르페 디엠'은 고대 로마의 호라티우스의 라틴어 시어의 한 구절로 흔히 '오늘을 즐기라'는 뜻이다.

악착같은 작금 어머니의 삶을 보면서 "세상만사事, 사思, 사史가 햇살 한 줌밖에 되지 않는다"고 고백하면서 오늘의 소중함을 일깨운다. 마치 스쳐 지나가는 정경을 잡은 것처럼 보이지만, 작금 강단진 그 어머니와 많은 소통과 교감이 있었음을 짐작해 볼 수 있다. 체험과 관조의 모습이다.

집어등 하얀 불빛이 파도와 몸 섞고 잠 못 이룬다

기다림의 불문율,
파도의 관절이 으드득 부서지는 그때가 다가올 즈음

고돌산 선소 앞바다의
심장 소리는 고요를 깨우고 파닥인다

불빛에 끌려,
떼거리로 몰려와 치솟는 멸치들의 반짝임

아차,

고비고비 벗겨난 순간을 사는,
멸치 떼들이나 우리나 매일반이라고
육질 단단한 비늘 같은 파도를 벗겨낸 채
그물망에서 탈탈 털리고 있다

자식들을 위해 일생 멸치잡이로 살아온 아버지
올해는 그물마다 흉어라 힘에 부친다며

마른 멸치처럼 말라붙어서 생의 한 고비를 넘기고 있다

—「고진마을 어부 아버지」 전문

"고진마을 어부 아버지" 시에서는 더욱 분명하게 체험과 관찰, 그리고 성찰을 통한 시 창작이 드러나고 있다. 시인의 발걸음은 고돌산진 선소에 머물고 있고 고돌산진 선소는 화양면 용주리에 있다. 전국에서 가장 맛있는 멸치를 생산해내는 곳이다. 시인의 시선과 사색은 멸치잡이 하는 어부 아버지에게 고정되어 있다. 이 시의 핵심어는 "아차"이고 "마른 멸치처럼 말라붙어서 생의 한 고비를 넘기고 있다"이다. 아주 절묘하다. '생사불이生死不二'듯이, '아차' 하는 순간 멸치떼들은 생의 고비를 넘기지 못하고 "그물망에서 탈탈 털리고" 있지만 "자식들을 위해 일생 멸치잡이로 살아온 아버지/올해는 그물마다 흉어라 힘에 부친다며/마른 멸치처럼 말라붙어서 생의 한 고비를 넘기고 있다"는 것이다. 마치 멸치잡이 아버지 마음의 중심을 내시경으로 들여다보는 듯 생생하다. 앞에서 살펴본 "작금 어머니" 시에서처럼 우리는 '순간'을 살고있는 것이며 한고비 한고비를 넘기며 살고있는 것으로서, 삶의 허무함과 소중함을 동시에 보여준다. 고비고비 넘어가는 인생길을 '아차'라는 단어로 긴장미와 함축미를 준다. 현대인은 살아 있는 실존 그 자체가 기적이다. 아침에 잠에서 깨어나고 저녁에 잠자리에 무탈하게 들어가는 게 기적 중의 기적이요, 감사중에 감사일 뿐이다. 그 밖에도 「분신」,

「치자꽃에 물들다」, 「석고 대죄」, 「노모와 노각」, 「시들지 않는 꽃」, 「생의 미학」, 「꿈꾸는 새」는 직접적 체험과 관조가 두드러지게 나타나는 시편들이라 할 수 있다.

Ⅲ.농후한 서사敍事와 실경實境

서수경 시인의 언어는 직접적으로 비유적으로 또는 풍자적으로 드러나고 있으며 편 편마다 이야기가 있다. 시 한 편이 소설 같기도 하고 한 인생의 다큐멘터리 같기도 하다. 농어촌의 이야기이며 할머니 할아버지, 어머니 아버지의 이야기이며, 초고령화된 사회 속에서 풍요와 군중 속에서 누리는 고독과 그리움의 이야기이다. 하나의 장면과 객관적 상관물 하나의 시공간을 통하여 하나의 정서로 몰입성 있게 시를 전개하고 있다. 이야기의 줄거리 속에는 골격이 있고 주제나 메시지를 향유하고 있으며, 사물의 형상화에는 시인의 정신세계가 나타나 있음으로 시인의 정신세계를 들여다 볼 수도 있다. 실경은 특정한 장소에서 보이는 본질을 의미 하는데, 실경의 실實은 바탕이나 본질을 의미하고 경境은 땅의 경계 경우, 형편이라는 뜻으로 쓰이는 말이다. 그럼으로 실경은 사물이나 장소의 본질을 통해서 닿을 수 있는 아름다운 경지라 할 수 있다. 객관적 풍경을 의미하는 그 이상 시인의 주관적 감정을 뜻하는 정情이 그 안에 포함되어 있다는 것이다. 가장 아름다운 언어는 말하지 않고 느끼는 것이며 느낌보다 먼저 와 닿는 그 심연의 무엇이라고 말한다면, 서수경 시인의 언어는 솔직한 언어적 서사로 풍경 이면의 풍경을 통해 감동을 이끌고 있다. 풍경과 이야기는 『어떤 통섭 이야기』에서 두 번째로 찾아볼 수 있는 서수경 시인의 시적 특성이다. 조근조근 풀어주고 들려주는 이야기 서사 속으로 들어가 본다.

오돌토돌한 감도 가는 길은
님 만나러 가는 것처럼 감미롭다

산길에 마음을 곧추세워보니
새들의 수다, 바람의 뒷담화, 꽃과 나무의 은밀한 몸짓,
파도가 칭얼대는 소리
귀 닫고 눈 감고 살았던 나를 깨운다

누군가 질근질근 밟고 지나간 잉기미 갯벌은
젖몸살을 앓은 듯 부풀어 올라 있고
뒷산에 불암산 부처바위는 합장한 두 손을 오매불망
놓지 못하고 있다
〉

흙밭 갯내음에 뒹굴며 지내온 마을은
정다운 이들 하나둘 떠나고
빈 콩깍지 같고 바지락껍데기 같은
노인네들만 남았다

"택배 아자씨요? 여그 감돈디 나가 누군지 알지라"
"아따! 거그, 감도경로당 못가서 안 있소!"

"서울 우리 큰 아들 놈한티 갯것허고 된장 고추장 쪼매 부칠랑게 후딱 후딱 오이다"

세상에서 가장 아름답고 정겨운 장면 속으로
노을도 붉게 물든다

―「감도리 어머니」 전문

시를 읽으면 한 편의 아름다운 수채화 한 폭이 그려진다. 뒷산에는 불암산 부처바위가 앉아있고 앞에는 잉기미 갯벌이 부풀어 올라있다. 오돌토돌한 길을 따라가다 보면 이름조차 감미로운 감도라는 마을이 나온다. 마을 어귀에서는 "새들의 수다, 바람의 뒷담화, 꽃과 나무의 은밀한 몸짓/파도가 칭얼대는 소리"가 들린다. 마을에는 "빈 콩깍지 같고 바지락 껍데기 같은 노인네들만 남았다" 그리고 경로당 옆집에서,

마루에 걸쳐 앉아 핸드폰으로 전화하는 한 어머니의 통화 소리를 듣는다. 서울에 있는 아들에게 보내기 위하여 택배회사에 택배를 부탁하는 모습이다. "갯것허고 된장 고추장 쪼매 부칠랑게 후딱 후딱 오이다" 시인은 그 모습을 보고 들으면서 "세상에서 가장 아름답고 정겨운 장면 속으로 노을이 붉게 물든다"라고 에둘러 표현하고 있다. 참으로 감동적이고 아름다운 정경이다. 이보다 더 아름다울 순 없다. 시 한 편을 통하여 어촌의 실상과 부모님들의 헌신적이고 무한한 사랑을 이야기하고 있다. 마치 한 편의 광고 드라마를 보는 듯 시각적이고 주인공의 대사가 흘러나오는 듯 스토리가 있다.

"봉산댁, 오늘은 날씨가 따숩것소 춥것소?"
해, 달, 별, 바람도 난간에 걸터앉았다 가는
꺽대기집 퍽퍽한 고구마 같은 살림
남편이란 인간은 한 날 숟가락을 꽉 깨물더니만
창시가 고장이 났는가 먼저 가버렸다며
골판지 같은 주름 꼬깃꼬깃하다
복사꽃 같은 마흔일곱 한창일 때
덩그러니 남아 무르팍 아프게 일만 했다

"바람이나 피워 보제 그랬소"
안 그래도 어떤 놈이 서방인 척 찝쩍대길래
동네 복판에서 싸대기를 날렸더니
다른 남정네들도 한쪽 볼을 움켜쥐었을 거라는
강단 있는 봉산댁의 헛헛한 웃음

생떼 같은 여섯 남매 키울 생각에
모진 세월 밤낮 가리지 않고
죽기 살기로 일만 했다는 우리 봉산댁
소설보다 더 소설 같은 쓴맛 나는 인생사

남편 따라온 길, 눈 오는 날은 잘 산다더니
머릿결에 하얀 눈만 내리고 홀로 남겨진 사랑

개뿔!

—「개뿔」 전문

"개뿔"에서도 어김없이 '봉산댁' 과부 이야기가 펼쳐지고 있다. 어쩌면 봉산댁 그녀의 일대기를 압축해 놓은 듯하다. 한마디로 요약하면 '개뿔'이다. 개뿔은 '아무 보잘것없는 것을 비유적으로 이르는 말'이다 "복사꽃 같은 마흔일곱"에 과부가 된 봉산댁은 "생떼 같은 여섯 남매 키울 생각에 모진 세월 밤낮 가리지 않고, 죽기 살기로 일만 했다"는 농후한 서사가 펼쳐진다. 바람 한 번 안 피워보고 앞길만을 달려왔다. 시인은 봉산댁과 함께 그의 이야기를 주고받으면서 받아적기를 하고있는 것으로 보인다. 보여주기와 들려주기로 실경實境을 이루고 있다. 특별한 시적 장치나 수사 없이도 잔잔하게 들려주는 이야기 속에서 한 여인의 삶에 깊이 빠져드는데, 바로 내 이웃과 내 어머니의 이야기이기에 공감을 불러일으킨다. 눈 오는 날 시집와서 잘 살 줄 알았는데 '개뿔'이라는 것이다. M.아놀드의 말처럼 "시란 본질적인 면에서 인생의 비평'이라 할 수 있다. 개뿔은 아주 보잘것없는 것을 비유적으로 이르는 말이다. 해학적이지만 그 깊이에는 허무가 배여 있다. 유한한 인생의 결국은 솔로몬의 고백처럼 헛되고 헛된 것이며, 평생을 살아 본 봉산댁의 고백을 빌어 '개뿔'이라고 이야기하고 싶은 것이다.

누렇게 늙은 오이를 파는 노모
'나이 들면 외면당하기도 하지'
속내를 감추는 것이 닮았다

씨실 날실로 직조한 꺼끌꺼끌한 삼베 같기도 하고
그물을 기워 놓은 것처럼 얼멍하기도 하다

생긴 것도 크기도 제멋대로다

두꺼운 껍질을 깎으니 연초록 속살이 영롱하다
알알이 박힌 씨를 긁어낸다
소금에 절이고 면 포에 넣어
욕심껏 살아온 날도 꾹 눌러 짠다

코끝을 훅 치는 상큼함
혀끝을 감아 도는 쫀득함
우물에서 퍼 올린 듯한 시원함
제대로 익은 노각의 향취다

"늙었다고 무시하는 것 아니여"
노모의 일침에 노각이 팔려 간다고 설레발을 친다
—「노모와 노각」 전문

"노모와 노각"의 시적 공간은 재래시장이다. 아마도 여수 서교동 시장 어디쯤으로 짐작해 본다. 늙은 노인이 노각을 파는 이야기이다. 노각은 늙어서 빛이 누렇게 된 오이를 이르는 말이다. 시인은 "노모와 노각"을 닮음에 연유하여 시를 창작하고 있다. 시장 바닥에서 노각을 파는 노모의 모습을 가만히 살펴보고 있다. 겉모습은 "꺼끌꺼끌한 삼베 같기도 하고 구멍 난 그물을 기워 놓은 것처럼 얼멍"하기도 하다. 그러나 속은 '상큼'하고 '쫀득'하고 '시원'하다. 이게 바로 "제대로 익은 노각의 향취다" "늙었다고 무시하는 것 아니여" 일침을 놓는다. 시인은 풍경을 통하여 풍경 너머 모습을 보고 있다. '겉 사람은 후패하나 속사람은 날로 새로워진다.' '외모로 사람을 평가하지 말고 그 마음의 중심을 보라'는 성경 경구를 엿보게 한다. 잘 익고 늙어가는 것은 '향취'임을 말하고 있다.

제복 입은 노동자들이 오그라든 가슴으로 문을 연다
게가 수북이 쌓여 눈 동그랗게 뜨고 사방을 주시한다
게껍질처럼 단단하게 무장한 사람들

게거품 물고 집게발 세워가며 세상 속에 각을 세우며
속 찬 게맛처럼 사는 사람들
등딱지에 밥 한 숟가락 꾹꾹 눌러 게눈 감추듯 해치운다

국동어항단지 허름한 음식점 단돈 팔천 원의 행복
구수하고 맛깔 나는 삶을 위해
두 눈 똑바로 뜨고는 볼 수 없는 세상
게슴츠레한 눈으로 삶의 바닥을 훑어내는,

—「노동의 한 끼」 전문

국동어항단지의 허름한 음식점이고 단돈 팔천 원의 행복과 시적 진술을 보면 게장백반집임에 틀림없다. 시인의 시에는 늘 공간적 배경이 들어있고, 어떤 이야기가 전개되는데 매우 사실적이고 구체적 정황이다. 현장에서 체험하고 이야기하고 듣고 본 것이며 자세히 관찰하고 사색한 결과이다. 이 시에서는 노동자의 삶과 애환이 간장게장을 통하여 적나라하게 표현되고 있다.

'오그라든 가슴' '게거품 물고 집게발 세워가며' '세상 속에 각을 세우며' '두 눈 똑바로 뜨고는 볼 수 없는 세상' '게슴츠레한 눈으로' '삶의 바닥을 훑어내는, 노동자의 삶이지만 '게껍질처럼 단단하게' '속 찬 게 맛처럼' 사는 사람들이다. 노동의 한 끼는 '구수하고 맛깔 나는 삶'이다. 이 시를 읽으면 게발을 들고 건설 현장에서 일하는 포크레인이 생각나기도 하고, 유니폼을 입고 직장에서 빠져나와 우르르 봉산동 게장백반 골목으로 들어가는 모습이 연상되기도 한다. "등딱지에 밥 한 숟가락 꾹꾹 눌러 게 눈 감추듯 해치우고" 싶은 맛깔 나는 시다.

「슬로우 슬로우, 굿모닝」은 난폭운전에 관하여 흔히 겪는 이야기이며, 「깡마른 해고」는 생활지도사의 해고 장면과 어르신들에 대한 연민의 이야기이며 「장수리 마을의 비결」은 쌍둥이 마을에 관한 시적 형상화이다. 「시들지 않는 꽃」은 죽은 아들에 대해, 「사라진 골목길의 소리」는 고향 이야기이며, 「여인의 기원」은 흥국사에서 역병과 회복을 기원하는 이야기이다. 「앙큼한 여인」은 꽃돔, 「그녀 일생의 맛」은 서대회무침 이야기이다. 시인의 삶은 이야기를 통하여 시편으로 기록되고 있다. 「깡마른 해고」에서는 직접적으로 "16명의 어른들을 케어한 이야기이며, 1202페이지를 읽고 덮어버렸다"고 시인은 고백하고 있다

Ⅳ. 원형적 삶과 관계성의 미학

서수경 시인의 시 세계를 이루는 정신적 바탕은 기독교적 사관이다. 태초부터 관계가 존재하였고 그 관계는 절대자와 인간, 인간과 인간, 인간과 자연과의 관계를 이루었고 죄의 본성으로 인하여 그 관계성은 완전히 파괴되었다. 그 이후 인류의 삶에는 많은 갈등과 문제들이 발생하고 있다. 인종 간 세대 간의 갈등, 빈부격차, 지구온난화, 환경파괴, 초고령화 사회 등 다양한 소재를 통하여 관계성 파괴로 인한 문제를 이야기할 수 있겠지만, 시인은 특히, 사람과의 관계성에 천착하여 삶에 본질과 회복에 대한 성찰이 내면 깊숙이 깔려 있다.

시인이 바라보는 세상과 삶은 고달프고 힘들다. 아프고 병들고 노동에 시달리고 있으며 소외되고 고독하다. 실낙원에 대한 근원적이고 본질적인 그리움이요 향수 같은 것이다. 서수경 시인의 대부분의 시는 삶의 현장이요, 관계성으로 풀어지는 문예미학이다. 특히, 초고령화된 사회에서 독거노인들의 삶과 애환에 관한 작품들이 많다. 독거노인들의 고독사, 그리움, 빈곤문제, 자살률 등은 이 시대에 풀어나가야 할 커다란 과제이다. 시인은 가만히 그들을 찾아가고 그곳에 머물면서, 그들의 이야기를 들어주고 그들의 친구가 되어주면서, 보고 듣고 느끼는 것들에서 시적 씨앗을 얻고, 성찰과 사색을 통해 시를 갈무리해 간다.

시집 한 권 분량 대부분이 노인들에 관한 이야기이지만, 여기에 몇 편은 새로운 관점으로 관계성을 노래하고 있다.

개, 꼬리 흔들고
맑은 소리 컹컹 짖으면 반갑다는 인사
똑바로 눈 마주치면
누런 이빨 드러내고 맞장뜨자는,
잇몸이 코끝으로 상승하는 그 녀석 혈압은 고혈압

고양이, 동그란 눈 터질 듯 쳐다보면
친근하다는 뜻
꼬리를 좌우로 흔들며 맞장뜨자는, 그 녀석 혈압은 저혈압

목줄 풀린 개와 대책 없이 마주친 상황에서
눈 깔아야 하는데 똑바로 쳐다보다가
개는 고혈압 나는 저혈압

이해하지 못해 알지 못해 나만 고집하는 눈 맞춤, 눈높이
개소리 고양이 소리에도 딱 맞는 몸짓으로 만나고 싶다

—「어떤 통섭通涉 이야기」 전문

"모든 시의 본질은 교묘한 사상이나 극히 세련된 말 속에 있는 게 아니라, 시인 자신의 마음 깊이와 신성한 감정 속에서 찾아볼 수 있다."는 코울리지의 말을 언급하지 않더라도 어떤 통섭 이야기에서는 마음의 깊이와 신성한 감정을 느낄 수 있다. 시 전문에는 개가 등장하고 고양이가 등장한다. 그리고 개와 고양이의 상반된 속성이 드러난다. 그리고 그들을 "이해하지 못해/알지 못해" "나만 고집하는/눈 맞춤, 눈높이"를 성찰하면서 "개소리 고양이 소리에도/딱 맞는 몸짓으로 만나고 싶다"고 고백한다. 개소리 고양이소리나 그 특성

에까지 눈높이를 맞춘다는 것은, 사람과 동물 자연에 이르기까지 세상의 모든 것과 관계성을 맺는 것을 통섭으로 보는 것이다. 통섭通涉은 '막힘없이 여러 사물에 두루 통함'이라는 것인데, 크게 보아 이것은 단절된 관계 삶의 원형적 회복을 의미한다. 시인이 꿈꾸는 저변에 깔려있는 사회는 실낙원 이전의 에덴이요 유토피아라 할 수 있다.

점 하나에 웃고 웃는다
'도로 남' 노래를 들으며 저녁밥을 짓는다

시래기 끓는 물에서 색 곱게 다시 피어난다
뭉텅뭉텅 손아귀에 움켜쥐고 묵은 기억 짜내고
멸치육수 푹 우려 양념에 버무린다
땡초 송송 썰고 깐 마늘 곱게 빻고 들깨 한 움큼,
구수한 시래깃국이 입안에 착 감친다

생각하나 바꾸면 쓰레기가 시래기 되고
구수하기도 하고 맵기도 하는
남이, 님이 되는 세상

별 같은 마음으로 관점을 끓이면
미각을 자극할 수 있는 새로운 별미를 만들 수 있겠지

시각의 각도를 조율하고 싶다

—「관점을 끓이다」 전문

'도로 남'이라는 노래 가사를 흥얼거리며 '시래기국'을 끓이고 저녁밥을 짓다가 순간적으로 시적 착상을 잡은 것으로 보인다. 생각 하나만 바꾸면 관계성이 달라진다는 것이다. 어떤 관점으로 보느냐에 따라 관계성이 새로워진다는 것이다. 남이 님이 되고 쓰레기가 시래기가 된다. "관점을 끓이면/미각을 자극할 수 있는/새로운 별미를 만들 수 있다"는 멋들어진 명구이다. 일체 유심조一切唯心造처럼 세상만사가 마음먹기에 달려있고 보는 각도와 시각에 따라 사물과 내용은 다르게 보이는 것이다.

처음처럼 애지중지한 사랑을 속달로 이별 통지문을 보낸다
예전과 다른 새로운 강력한 유혹
그. 님. 참. 멋지다

서로를 향한 버퍼링 중
밀당의 고수 진한 스킨쉽의 스킬
주머니 속에 넣고 늘 만지고 너를 꺼내서
대화하고 싶다는 달콤한 속삭임
〉

넓고 깊은 새로운 세계 잡히지 않은 헛수고의 연속이다
더 깊이 빠져들면 나를 잊을세라 가슴 졸인다

익숙해지고 편해질 때면 소원해지겠지
다른 님을 향한 탐색 안테나를 곤두세우겠지

몇 년마다 님을 바꿔치기하는 난 진정한 바람둥이

—「신종 스마트폰」 전문

멋진 사랑의 관계성을 신종 스마트폰이라는 객관적 상관물을 통하여 형상화하고 있다. "속달로 이별 통지문을 보낸다/새로운 강력한 유혹/그. 님. 참. 멋지다" '그 님은 고수다' '버퍼링'을 할 줄 알고, '밀당'을 알고, '진한 스킨 쉽' '스킬' '달콤한 속삭임' "넓고 깊은 새로운 세계"이다. "익숙해지고 편해질 때면 소원해지겠지/다른 님을 향한 탐색 안테나를 곤두세우겠지" "몇 년마다 님을 바꿔치기하는" 이것이 바로 관계성의 원형이다. 인간은 사회적 동물이며 관계를 맺으며 살아간다. 여기서 작가가 이야기 하고있는 바람둥이는 진짜 바람을 피우는 자유연애주의자나 카사노바가 아니라, 관계성의 새로움을 추구하고 있는 것이다. 날로 새로워지고 변화되어 창조적인 관계를 꿈꾸는 것이다. 성경에서 "옛것은 지나갔으니 보라 새것이 되었도다."라는 전도서 말씀처럼 일신우일신의 관계성을 신종 스마트폰을 빌어 바람둥이로 해학적이고 역설적으로 이야기하고 있다.

바다는 소리 없는 전쟁터다
단단하지 않으면 살 수 없고 드세지 않으면 버틸 수 없다

웃음 헤프면 이놈저놈 달려들까 봐
뾰로통한 입, 철갑을 두른 비늘, 바다를 자를 기세로
칼날 같은 지느러미 날을 세운 여수 심해에는 꽃돔이 산다

작은 몸집에서 나오는 다부짐
어찌나 악착같이 바닷길을 내고 살았는지
살결이 선홍색에 흰 꽃비단이다
작아도 버릴 것이 없는 알짜배기

꽃돔 닮은 그 여인의 부엌에는
숨겨둔 샛서방을 생각하며 석쇠가 벌겋게 달아오른다

흠, 냄새가 난다

—「앙큼한 여인」 전문

앙큼한 여인이 꽃돔으로 치환되었다. 꽃돔은 이름도 예쁜 바다의 꽃이다. 선홍색 바탕에 흰 살결이 꽃문양을 형성하고 있어 몸 자체가 꽃처럼 보인다. 그 여인의 삶이 곧 꽃돔과 일치한다. '전쟁터' 같은 바다에서 '단단하고' '드세지' 않으면 살 수 없고 버틸 수 없다. 여기서 바다는 세상을 의미한다. "이놈저놈 달려들까 봐/뾰로통한 입/철갑을 두른 비늘/바다를 자를 기세로/칼날 같은 지느러미 날을 세운" 그녀이다. "작은 몸집에서 나오는 다부짐"으로 "악착같이 바닷길을 내고 살았다." 그 여인이 숨겨 둔 샛서방을 생각하며 꽃돔을 굽기 위해 석쇠가 벌겋게 달아오르고 있다. 그녀의 가슴도 벌겋게 달아오르고 있음을 암시한다.

먼저는 바다와 꽃돔의 관계성을 이야기했다. 그리고는 꽃돔이 곧 그 여인과 같은 관계임을 드러낸다. 그 여인은 샛서방과의 관계성을 생각하며 꽃돔을 굽는다. 금풍쉥이 구이를 하면 너무 맛있어서 숨겨 둔 샛서방에게만 준다는 지역 풍설이 있다. 금풍쉥이 구이처럼 냄새가 난다. 바다 같은 세상에서 생존하는 앙큼한 여인이다.

꽃가루 버무린 꽃밥
질척하게 뜸이 들여진,

허락 없이 찾아 들어온
벌 나비 손짓 발짓도 좋아라

맑은 햇살에 바람개비 같은 꽃잎
고슬고슬 탈색되고 고집스런 색이 깊어진 후

떨궈진 그 자리에
단단한 열매 젖멍울처럼 향긋하다

잘 우려낸 치자물에 순백한 천을 담궈
조물조물 주무른다

손아귀에 움켜쥐고 쥐어짠다
실로 질끈질끈 묶어 숨도 못 쉬게 한다
날 좋은 날 오글오글해진 천을 인정사정없이
탈탈 털어 햇살에 펴 말리기를 대여섯 번,
환골탈태이다

성숙한 삶도 이와 같을까
나의 색 위에 덧칠되고 채색되어
꽃물 곱게 물들이고 싶다

—「치자꽃에 물들다」 전문

"잘 우려 낸 치자 물에 순백한 천을 담궈/조물조물 주무른다" 자연 염색을 하고 있다. '쥐어짜고', '실로 질끈질끈 묶고' '탈탈 털어 말려'야 천의무봉天衣無縫한 염색을 할 수 있다. "성숙한 삶도 이와 같다"는 것이다. 물들고 물들이는 것이다. 서로에게 스며드는 것이다. 순백한 천에 치자 꽃물이 곱게 드는 것이다. 이것이 바로 원형적 삶이며 관계성의 미학이다. 치자꽃밥에 벌 나비가 날아드는 것도, 맑은 햇살에 바람개비 같은 꽃잎이 탈색되는 것도, 꽃잎 떨어진 그 자리에 젖멍울처럼 단단한 열매 향긋한 것도, 우연한 일이 아니라 관계성으로 풀어진다. '물들고 물들이고' '덧칠되고 채색되어' '환골탈태'하는 관계가 되는 것이 놀랍다.

서수경 시인이 바라보는 사회는 그리고 삶은 녹녹치 않다. 힘에 부치고 여러 난관에 부딪친다. 그것은 원형적 삶을 꿈꾸는 반면, 절대자와 인간, 인간과 인간, 인간과 자연과 관계성에서 아직도 너무 낯설고 부족함을 느끼면서, 시적 자아로 투영되어 나타나는 것이다. 이러한 관계성은 「헤이카카오 그녀」에서 AI까지 예민한 반응을 보이기도 하고 「분신」에서는 낡은 신발을 통해 "너인 듯 나인 듯 살았지만 지금은 따뜻하게 헤어질 때"라면서 다양한 관계성으로 형상화되고 있다.

V.

들뢰즈에 의하여 철학적 의미를 부여받은 말처럼 서수경 시인은 특정한 가치와 삶의 방식에 얽매이지 않고, 끊임없이 자기 자신을 바꾸어 나가며 창조적인 삶을 사는 노마드형 인간이다. 서수경 시인은 시 창작, 동시창작, 시낭송, 성악, 연극, 미술뿐 아니라 악기연주로 하모니커, 우쿠렐레, 오카리나까지 섭렵하면서 예술혼을 불태우고 있다. 서수경 시인의 시창작 원동력은 '게르'라 할 수 있다. 몽골의 전통 가옥인 '게르'는 잠시 잠깐 머무는 곳이다. 근본적으로 이 땅은 잠시 잠깐 머무는 나그네 인생이고, 그 이후 본향이 있다고 믿는 시인은 어디론가 떠나고 잠시 잠깐 머물 때, 그 사이 시가 존재한다. 현재 삶의 터전을 벗어나 새로운 삶의 지경을 넓히고 거기서 머물며 체험하고 관찰하며 보고 듣고 느끼고 말하는 모든 것들이 시상으로 전개된다.

서수경 시인의 시적 안테나와 시선은 늘 깨어있고 열려있다. 있는 그대로를 보여주기와 묘사를 통하여 그림으로 그려주기에 시가 어렵지 않게 읽혀지고 이미지가 선명하며 여운과 감동의 파장이 오래간다. 여기에 실린 몇 편의 시뿐 아니라 시집 전체를 아우르는 서수경 시인의 시창작 원리는 직관적 체험과 관조를 통하여, 서사적 실경實境으로 풀어가는 농후한 관계성의 미학으로 정의하고 싶다 "내가 시를 만드는 것이 아니라 시가 나를 만든 것"이라는 괴테의 언어처럼 서수경 시인은 삶을 통하여 시를 주워 담고 가꾸며, 다시 그 시가 스스로 작가를 만들고 가꾸고 있는 것이다.

이제 첫 시집을 상재하니 앞으로는 비유와 상상력을 심화하여 더욱 확장되고 깊은 시세계를 구축하기를 간절히 바란다.